초등학생이 알아야 할
참 쉬운 화학

크리스티 피커스길, 대런 스토바르트 글

클로이 플뢰라트 그림

신인수 옮김

새뮤얼 고램, 제이미 볼, 톰 랠런드
디자인

앤드루 파슨스 감수

차례

화학이란 무엇일까요? ... 4
화학은 어디에나 있어요 ... 6
화학자는 무슨 일을 할까요? ... 8
화학의 역사를 알아보아요 ... 10
과학적 방법이란 무엇일까요? ... 12
다양한 화학 분야를 알아보아요 ... 14

제1장 세상은 무엇으로 구성되어 있을까요? ... 17
우리 주변에 있는 모든 것의 기본 원소를 찾아보아요.
원소들은 왜 항상 변하는지, 또 어떻게 서로 결합하는지도 알아보아요.

제2장 원자의 세계로 떠나는 여행 ... 29
물질을 이루는 가장 작은 조각인 원자도 더 작은 입자들로 이루어져 있어요.
주기율표라는 유용한 표를 보며, 지금까지 밝혀진 118개의 원자를 살펴보아요.

제3장 결합하기 ... 47
화학은 원자들이 서로 결합하거나 결합이 깨질 때
무슨 일이 일어나는지를 밝히는 학문이에요.

제4장 화학 반응 ... 55
원자는 우리 눈에 보이지 않지만 원자가 일으키는 반응은 참으로 놀라워요. 화학 반응의
세계에서는 *쉬쉬쉭* 소리가 나고, *보글보글* 거품이 일고, *뻥* 폭발하기도 한답니다.

제5장 맛, 색, 향기, 재료 ... 65
어떤 화학 물질은 맛이 나거나 냄새가 나거나 심지어 색을 띠어요. 멋진 구조나
새로운 물질을 형성하기도 하고요. 이 모든 것이 여러분이 경험하는 세상을 만들어요.

집에서도 할 수 있는 간단한 실험을 소개해요.

제1장부터 제4장까지는 화학의 엄청난 비밀을 풀어 나가요.

제5장부터 제10장까지는 화학자들이 지식을 어떻게 활용하는지 살펴볼 거예요. 일상생활에서 겪는 문제를 해결하고, 굉장한 것을 만드는 방법을 이야기해요.

제6장 우리 몸　　　　　　　　　　　　　　　　　　　　　75
화학자들은 우리 몸이 어떻게 작용하는지, 제대로 작용하지 않을 때는 어떻게 해야 할지에 큰 관심을 가지고 있어요. 질병 진단부터 약 개발까지 모두 관여하고 있지요.

제7장 안전한 세상을 위해　　　　　　　　　　　　　　　85
좋은 화학 물질 또는 나쁜 화학 물질을 만드는 것은 대체 무엇일까요? 그런 기준이 있기나 할까요? 우리의 안전을 지키려고 애쓴 화학자들을 알아보아요.

제8장 지구 살리기　　　　　　　　　　　　　　　　　　95
지구의 화학적 균형이 변하고 있어요. 화학자들이 무슨 일을 할 수 있을까요?

제9장 우주　　　　　　　　　　　　　　　　　　　　　105
우주는 화학적 비밀로 가득해요. 지구와 지구 생명체들이 어떻게 생겨났는지도 우리가 풀어야 할 수수께끼랍니다.

제10장 앞으로의 할 일은?　　　　　　　　　　　　　　113
화학자들이 가장 흥미를 가지고 몰두하는 최신 주제는 무엇일까요? 언젠가는 그 연구에 여러분이 함께할 수 있을까요?

낱말 풀이　　　　　　　　　　　　　　　　　　　　　　124
찾아보기　　　　　　　　　　　　　　　　　　　　　　126
이 책을 만든 사람들　　　　　　　　　　　　　　　　　128

인터넷에서 자료 찾기

어스본 바로가기(usborne.com/quicklinks)에 방문해서 검색창에 'chemistry for beginners'를 입력해 보세요. 화학에 대해 더 많은 것을 알아볼 수 있어요. 이 책에서 다룬 주제를 공부하고 흥미로운 실험을 볼 수 있지요. 퀴즈에 도전하고 집에서 할 수 있는 화학 실험도 찾아보세요.

'어스본 바로가기'에서는 인터넷 안전 지침을 지켜 주세요. 어린이가 인터넷을 사용할 때는 보호자의 지도가 필요합니다.

물질은 어떻게 반응할까요?

화학자는 물질이 다양한 상황에서 어떻게 반응하는지 실험해 봐요. 그러면 그것이 무슨 물질이고 어떻게 작용하는지 확인할 수 있어요. 때로는 놀라운 결과가 나타나기도 해요.

물질은 한 가지로만 이루어졌을까요?

오직 한 가지로만 이루어진 물질도 있고, 여러 가지가 합쳐진 물질도 있어요.

물질을 변화시킬 수 있을까요?

화학자들은 특정한 물질들을 섞어서 전혀 다른 *새로운* 물질을 만들 수 있어요. 이것을 **화학 반응**이라고 해요.

화학자들은 이런 궁금증에 답을 찾으면서 계속해서 새로운 물질을 발견하고, 이 물질들을 활용할 새로운 방법을 찾아내요.

화학은 어디에나 있어요

화학은 원자에서 일어나는 극히 미세한 변화에 주목하는 학문이에요.
하지만 여러분도 그런 변화의 결과를 *어디에서든* 찾아볼 수 있어요.
우리 일상에서는 다음과 같은 화학 변화들이 일어나요.

부엌에서

오븐에 원재료를 구워 빵을 만드는 것은 그냥 제빵이 아니에요.
이것은 화학이기도 해요!

병원에서

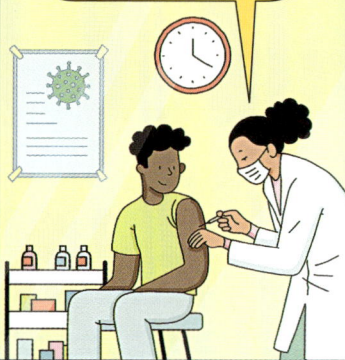

우리 몸에서 일어나는 일과 약의 작용을 이해하는 것도 화학에 속해요.

건설 현장에서

이 건물에 한 층을 더 올리려고, 새로 나온 친환경 콘크리트를 섞고 있어요.

친환경 콘크리트는 일반 콘크리트에 비해 지구 온난화를 일으키는 이산화 탄소를 덜 내보내요.

패션 산업에서

화학 없이 새로운 직물을 개발할 수는 없어요.

이 옷감들은 음식물 쓰레기를 이용해서 만들어졌어요. 대단하죠!

예술 활동에서

새로운 색과 물감을 만들 때도 화학이 쓰여요.

새로 나온 울트라 블랙 물감을 칠해 보았어요. 이렇게 까만색은 처음이에요!

빨래를 할 때

화학 반응을 이용해 옷을 세탁해요. 청소도 마찬가지예요.

세제는 어떻게 이렇게 옷을 깨끗하게 할까?

동력을 공급할 때

새로운 연료와 새로운 전기 생산 방식을 찾는 것도 화학이 하는 일이에요.

이 인형은 태양 전지판으로 얻은 힘으로 움직여요. 햇빛에서 에너지를 얻는 거예요!

강력한 배터리가 없다면, 전기차는 멀리 가지 못할 거예요.

실험실 밖의 현장에서

별의 화학 성질을 보거나, 고대 얼음층에서 화학 물질을 찾는 등 실험실에서 할 수 없는 연구도 있어요. 화학자들은 정보를 모으기 위해 종종 넓은 바깥세상으로 나가요.

나는 남극 얼음의 화학 성질을 연구하고 있어요. 얼음 깊숙한 곳에 갇힌 작은 공기 방울이, 지난 수백 년 동안 지구의 공기와 온도가 어떻게 변해 왔는지 알아낼 단서가 될 수 있거든요.

나는 새로운 화학 물질이 식물들의 성장을 어떻게 돕는지 조사하고 있어요.

이 관측소에는 성능이 뛰어난 천체 망원경이 있어요. 나는 이 망원경으로 우주에 있는 화학 물질을 연구해요.

알게 된 정보를 서로 공유하고 배우는 것도 아주 중요한 일이에요.

더 많이 공유하고 이야기를 나눌수록…

…더 좋은 생각들이 샘솟거든요!

아! 저 내용을 내 실험에 활용할 수 있겠어.

화학의 역사를 알아보아요

사람들은 수천 년 동안 화학을 활용해 왔어요.
'화학'이라는 이름이 붙기 전부터요.

고대 실험

인류는 약 80만 년 전에 불을 사용하기 시작한 뒤로,
온갖 중요하고 새로운 재료를 만들기 위해 불로 실험을 했어요.

불을 써서 진흙을 구워 그릇을 만들 수 있었고…

…암석을 녹여 금속을 추출해 도구를 만들었지요.

바빌론에 살았던 타푸티는 초기 화학자 가운데 한 명으로 알려져 있어요.
바빌론은 3,000년도 더 전에 이라크에 있었던 고대 도시예요.

타푸티

나는 왕을 위해서 향수를 만들었어요. 꽃과 식물에서 추출한 물질들을 섞어서 새로운 향을 만들었지요.

타푸티의 향수 제조법이 기록된 고대 점토판이 아직 남아 있어요.

점토판에는 타푸티의 제조법이 아카드어라고 하는 고대 언어로 새겨져 있어요.

이슬람 황금기

8세기부터 14세기까지, 중동과 북아프리카와 스페인 남부에 걸쳐 있었던 이슬람 국가들에서 과학적으로 세상을 탐구하는 열풍이 불었어요. 이런 과학 지식의 전성기를 **이슬람 황금기**라고 해요.

'화학의 아버지'라고 불리는 자비르 이븐 하이얀은 오늘날 이란 지역에 살았던 과학자예요.

과학 혁명

17세기 무렵, 유럽의 과학자들은 새로운 실험을 해 나가며 생각을 널리 공유했어요. 그 결과로 중요한 과학적 발견이 많이 이루어졌어요. 이것을 **과학 혁명**이라고 해요.

과학적 방법이란 무엇일까요?

그동안 과학자들이 이룬 업적 덕분에 우리는 화학에 관해 많은 것을 알게 됐어요. 과학자들은 무엇이 어떤 방식으로 작용하는 것 같다는 생각이 들면 그 생각이 옳은지 실험을 해 보아요. 이러한 과정을 **과학적 방법**이라고 해요.

과학자들은 실험하기 전에 자신만의 생각, 즉 **가설**을 세워요.

과학자들은 매번 같은 조건을 유지하면서 실험을 *여러 번* 반복하고 또 반복해요.
같은 결과가 자주 나올수록 믿을 만한 결과가 되지요.

특정한 요소가 결과에 어떤 영향을 끼치는지 살펴보기 위해 실험 조건을 바꾸기도 해요. 이것을 **변수**라고 해요.

두 화학 물질을 한데 넣어 섞을 때마다 폭발이 일어났어요.

그럴까요. 잠깐, 실험을 다시 해 봅시다. 이번에는 물속에서요!

수조에 물을 채울게요.

그렇네요…. 이제 이 폭발 실험은 그만합시다. 제발요.

왜 이 물질들이 물속에서는 폭발하지 않을까요? 물이 너무 차서 그럴까요?

물 온도에 따라 어떻게 달라지나 확인해 보죠. 아이고, 책을 빠트렸네!

여러 차례 실험한 뒤, 과학자들은 어떤 **결론**을 낼 수 있을지
판단하기 위해 모든 결과물을 살펴봐요. 실험 결과에서 무엇을 알아냈을까요?

처음에 세운 가설과 결과가 맞지 않는다면, 그 가설은 버려요.

결과가 처음에 세운 가설을 뒷받침해 준다면, 이번에는 다른 과학자들이 같은 실험을 해서 똑같은 결과가 나오는지 확인해요.

틀렸네. 이 암석에서는 새로운 게 나오지 않았어.

당신이 *진짜로* 새로운 원소를 발견했어요.

새로운 원소

다양한 화학 분야를 알아보아요

화학은 분야가 방대한데, 크게 다섯 가지로 나눌 수 있어요. 주요 분야는 더 작은 단위로 나눌 수 있지요. 이 장에서는 각 화학 분야에서 무엇을 다루는지, 서로 다른 분야가 어떻게 연관되는지 예시를 소개해요.

더욱 친환경적인 새로운 직물 발명하기

친환경 화학 물질과 재료 만들기에 초점을 둔 것을 **녹색 화학**이라고 해요.

유기 화학

탄소를 지닌 물질을 연구하는 분야예요. 탄소는 음식과 약부터 우리 몸까지, 온갖 것을 구성하는 굉장히 중요한 원소예요.

스스로 복구되는 자가 치유 플라스틱 만들기

휘발유, 디젤, 로켓 연료 등 연료를 추출하고 친환경 연료 개발하기

비누, 화장품, 향수 만들기

음식을 더 맛있고 오래가게 하는 화학 물질 개발하기

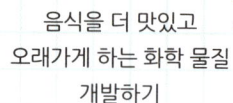

약 개발하기

다양한 질병을 일으키는 원인 알아내기

동물과 식물 내부에 일어나는 화학 반응 살피기

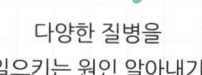

생화학

생명체 안에서 일어나는 화학 반응을 연구하는 분야예요.

여기에 나온 단어를 이해하지 못해도 걱정하지 마세요. 124쪽 '낱말 풀이'에서 뜻을 찾아볼 수 있어요.

효소와 DNA 같은 중요한 생물 분자 연구하기

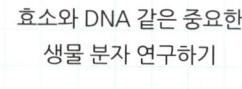

화학 물질이 인간 몸에 영향을 끼치는 방식 이해하기

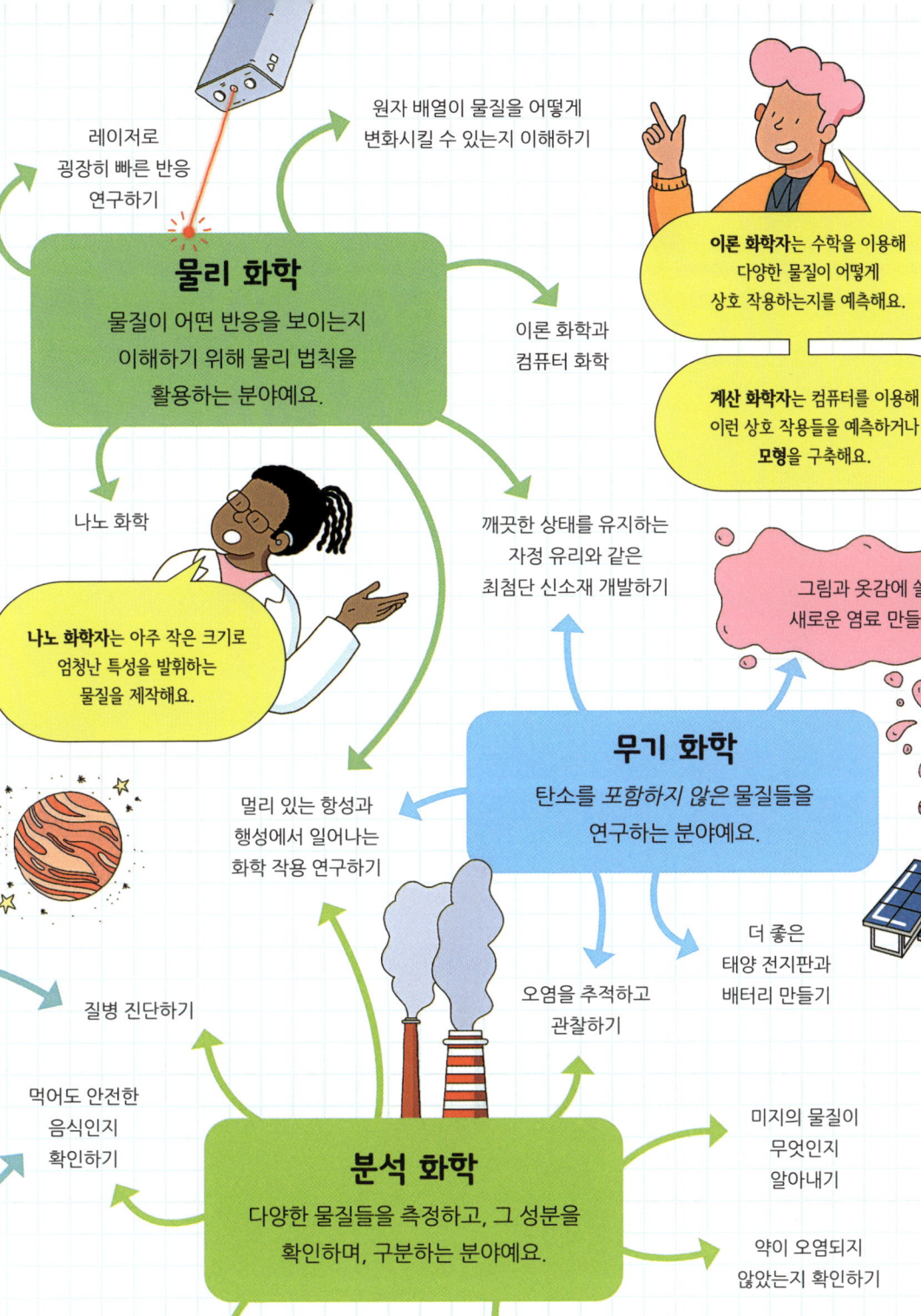

제1장
세상은 무엇으로
이루어져 있을까요?

공기는 무엇일까요? 물체가 왜 녹을까요?
왜 다이아몬드는 분필보다 단단할까요?

화학자는 호기심이 많은 사람들이에요.
세상이 어떻게 돌아가고 만물이 무엇으로 이루어졌는지
질문을 던지고 답을 찾으며 살아가지요.
화학자는 작고 세세한 부분도 그냥 넘어가지 않고
늘 더 많은 것을 알아내려고 해요. 이런 집요함이
화학 발전의 크나큰 발판이 되어 주고 있답니다.

세상을 이루는 원자

우주에 있는 모든 물질은 **원자**라고 하는 아주 작은 요소로 이루어졌어요. 원자들은 온갖 다양한 방식으로 결합해서 아주 간단한 물질부터 굉장히 복잡한 물질까지 만들어요.

원소

한 종류의 원자로 이루어진 물질을 **원소**라고 해요. 원소는 더 단순한 물질로 분해될 수 없지요. 지금까지 118개의 원소가 발견되었어요.

순수한 금에는 금 원자만 있고 다른 건 없어요.

금 원자

원소는 알파벳 하나 또는 두 개로 만든 기호로 나타내요. 금을 나타내는 원소 기호는 Au예요. 금을 뜻하는 라틴어 '아우룸(aurum)'에서 따 왔어요.

어떤 원소는 굉장히 드문 반면, 어떤 원소는 *어디에서나* 찾을 수 있어요.

철이나 구리, 주석을 비롯한 많은 원소를 땅속에서 캐낼 수 있어요.

산소나 질소 같은 원소들은 공기 중에서 발견돼요.

어떤 원소들은 자연에 존재하지 않아요. 화학자들이 실험실에서 만들어 냈거든요. 지금까지 원소 24개가 이런 방식으로 발견되었어요. 앞으로 더 많은 원소가 발견될지도 몰라요!

원소 대부분은 수십 억 년 전에 머나먼 별에서 처음으로 생겨났어요.

분자

자연에서는 원자 딱 한 종류로만 이루어진 건 찾기 힘들어요. 우리가 숨 쉬는 산소부터 마시는 물까지, 물질 대부분은 원자들이 연결된 **분자**가 모여 이루어져 있어요. 원자들끼리 연결되는 것을 **결합**이라고 해요.

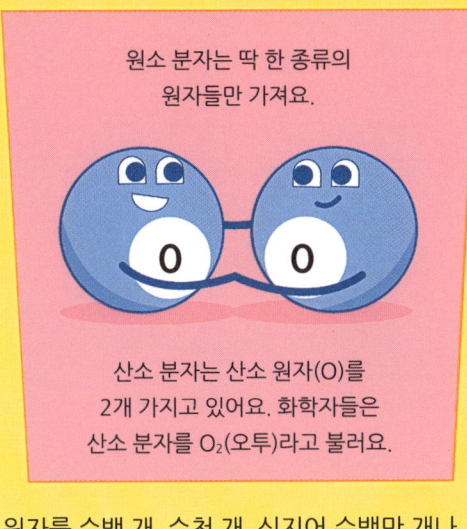

원소 분자는 딱 한 종류의 원자들만 가져요.

산소 분자는 산소 원자(O)를 2개 가지고 있어요. 화학자들은 산소 분자를 O_2(오투)라고 불러요.

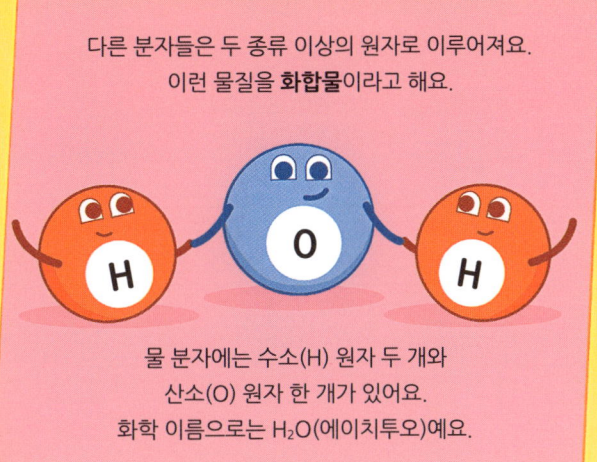

다른 분자들은 두 종류 이상의 원자로 이루어져요. 이런 물질을 **화합물**이라고 해요.

물 분자에는 수소(H) 원자 두 개와 산소(O) 원자 한 개가 있어요. 화학 이름으로는 H_2O(에이치투오)예요.

원자를 수백 개, 수천 개, 심지어 수백만 개나 가진 분자도 있어요.

이 그림은 PG_5의 분자 구조 그림이에요. PG_5는 화학자들이 실험실에서 만든 가장 큰 분자예요.

혼합물

많은 물질이 원소와 분자가 화학 결합을 이루지 않고 한데 뒤섞인 **혼합물**이에요. 이런 혼합물은 다시 여러 부분으로 분리할 수 있어요.

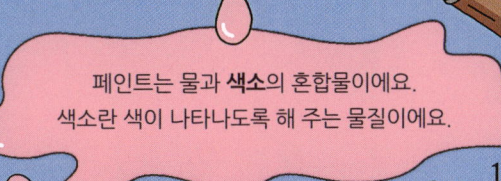

페인트는 물과 **색소**의 혼합물이에요. 색소란 색이 나타나도록 해 주는 물질이에요.

물질의 상태

물질은 고체, 액체, 기체, 이렇게 세 가지 **상태**로 존재해요.
물질을 구성하는 원자나 분자를 **입자**라고 하는데, 물질의 상태는
물질의 입자가 어떻게 구성되어 있고 어떻게 움직이는가와 관련 있어요.

고체는 형태를 그대로 유지해요.

고체 속 입자들은 서로 단단히 밀집해 있어요. 돌아다니지 않고 제자리에서 가만히 진동하고 있지요.

액체는 흐르는 성질이 있고, 액체가 담긴 용기의 모양대로 형태를 취해요.

액체 속 입자들은 닿았다 떨어졌다 하며 주위를 돌아다녀요.

기체는 이 타이어에 든 공기처럼, 기체가 머물러 있는 곳에 퍼져서 공간을 가득 채워요.

기체 속 입자들은 주위를 자유롭게 슝슝 돌아다녀요. 서로 부딪치기도 하고, 담겨 있는 용기 면을 밀치기도 하지요.

이렇게 밀치는 힘을 **압력**이라고 해요. 입자들이 더 가까이에서 밀칠수록 압력은 증가해요.

상태 변화

물질의 상태는 고정되어 있지 않아요. 변할 수 있지요. 주로 물질의 온도가 올라가서 에너지를 얻거나, 물질의 온도가 낮아져 에너지를 뺏기면서 상태가 변해요.

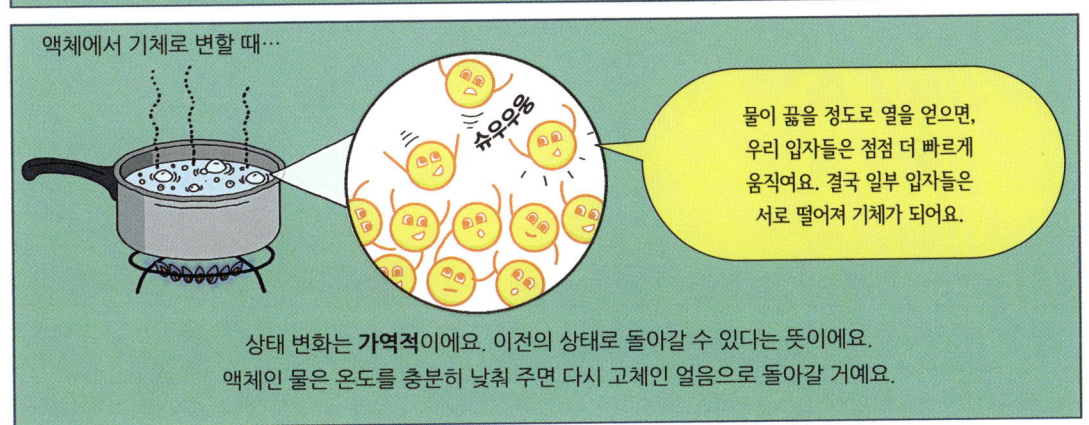

물질의 상태는 여러 번 거듭해서 변할 수 있어요.
각 변화를 일컫는 말이 있어요.

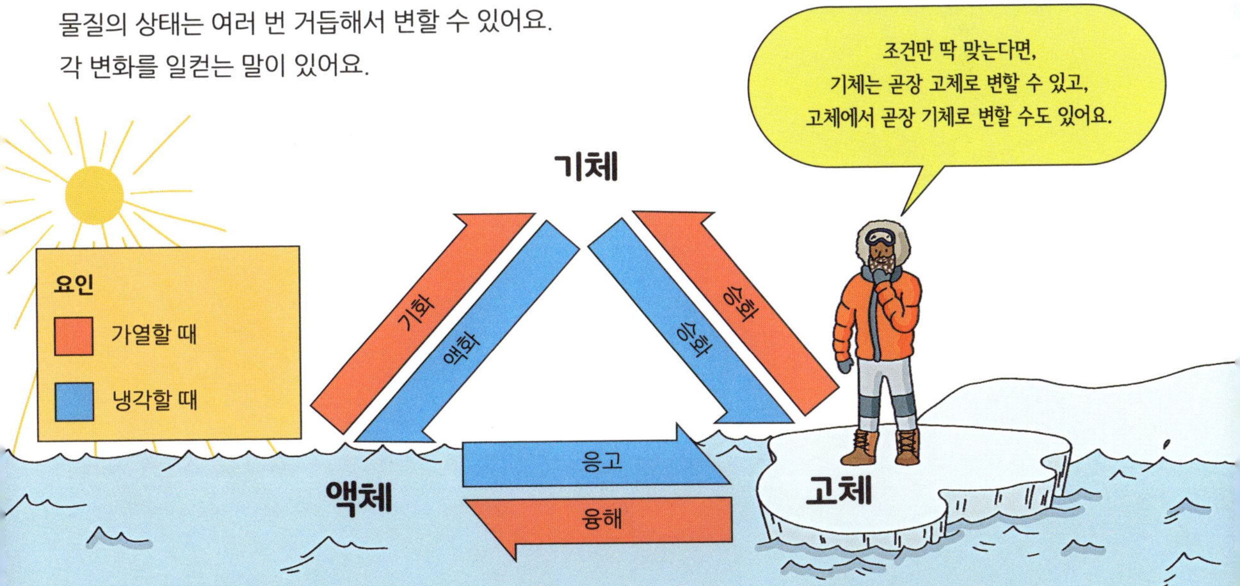

물은 독특하게도 세 가지 상태를 모두 지구에서 쉽게 발견할 수 있어요.
다른 많은 물질은 상태를 변화시키려면 열과 압력을 엄청나게 가해야 해요.

고유한 성질

물질은 저마다 뭔가를 할 수 있거나 할 수 없는 고유한 **성질**을 띠고 있어요.
물질이 나타내는 반응을 화학자가 어떻게 활용하는지 알아봐요.

서로 무척이나 다른 두 원소의 특성을 함께 살펴봐요.

사람들은 물건을 만들 때 물질이 가진 독특한 성질에 따라 재료를 선택해요.
다음과 같은 예가 있어요.

화학자들이 관심을 가지는 두 가지 특성은 **물리적 특성**과 **화학적 특성**이에요.

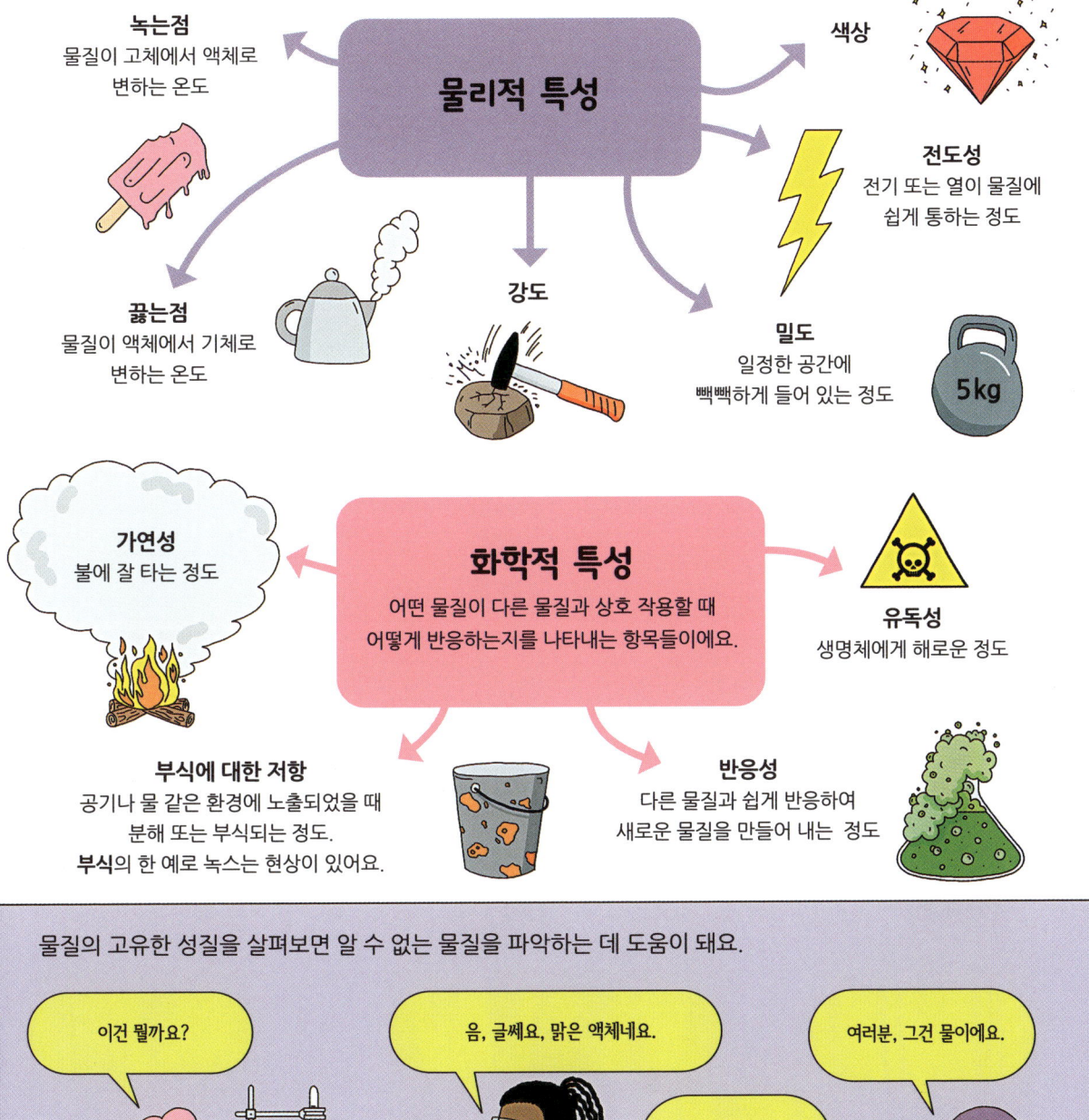

혼합물 분리하기

화학자는 한 종류의 원자나 분자로 이루어진 **순물질**로 실험하길 더 좋아해요. 하지만 순물질은 자연에는 거의 존재하지 않아요. 물질 대부분이 혼합물로 발견되지요. 그래서 화학자들은 혼합물을 분리하고 정제하는 온갖 방법을 찾아내 왔어요.

> 양동이에 담긴 바닷물에서 어떻게 소금과 모래를 얻을 수 있을까요?

여과

혼합물을 작은 구멍이 많이 나 있는 종이에 통과시켜 고체인 모래를 걸러 내요. 이런 과정을 **여과**라고 하고, 여과에 쓰이는 종이를 여과지 또는 거름종이라고 해요.

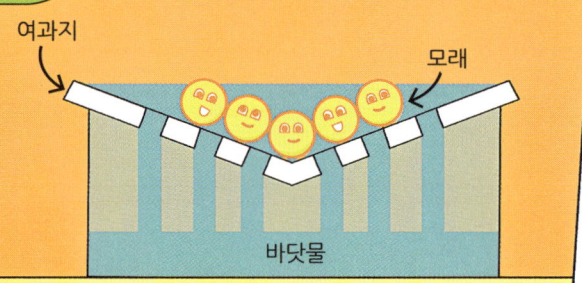

증발

여과 방식으로는 바닷물에서 소금을 분리하지 못해요. 소금 분자가 무척 작거든요. 하지만 바닷물에 열을 가하면 물이 **증발**해서 수증기가 되어 날아가고 소금만 남을 거예요.

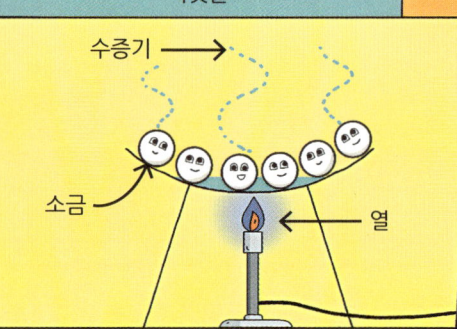

증류

양동이에 남아 있는 물질을 모두 없애고 순수한 물만 남기고 싶다면, 물질마다 끓는점이 다르다는 점을 활용해요. 이런 방법을 **증류**라고 해요.

1. 물에 열을 가해요. 끓는점에 다다르면, 물은 기체가 될 거예요. 같은 온도에서 불순물은 끓지 않기 때문에 그대로 남아 있어요.

2. 수증기가 찬물로 감싸인 유리관을 지나가요.

3. 수증기는 차가워지면서 응결되어 다시 액체인 물로 돌아가요. 이 순수한 물이 유리관 반대쪽 끝에 모여요.

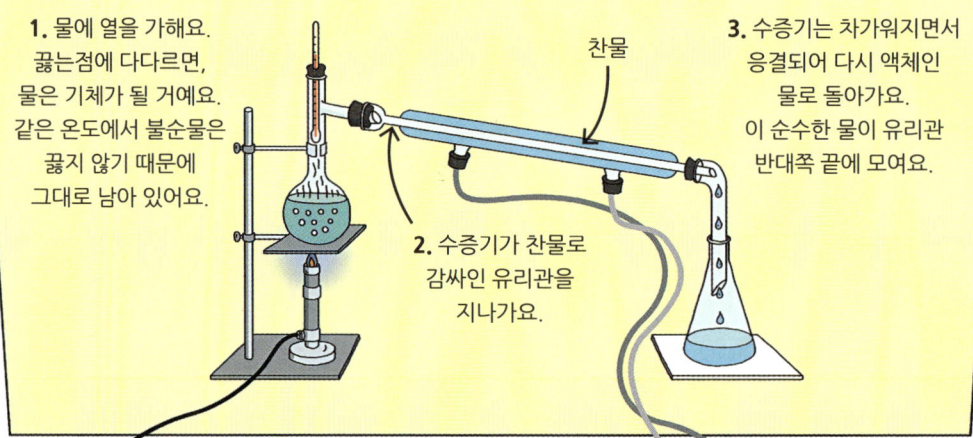

종이 크로마토그래피

액체가 종이에서 이동하는 방식을 보면, 액체 혼합물에 어떤 물질들이 들었는지 확인할 수 있어요. 이런 방법을 **종이 크로마토그래피**라고 해요. 여러분도 수성 잉크가 든 사인펜으로 거름종이나 키친 타월 같은 종이에 직접 실험해 볼 수 있어요.

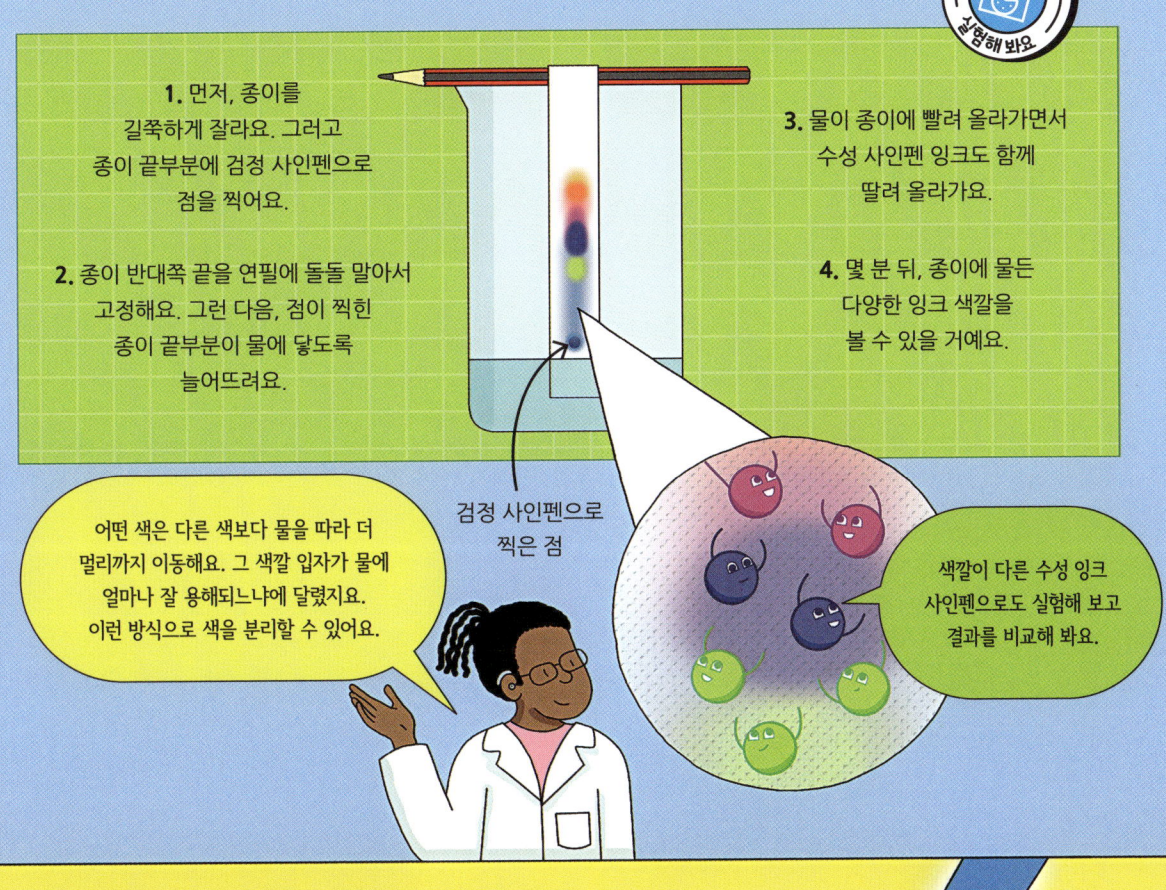

1. 먼저, 종이를 길쭉하게 잘라요. 그리고 종이 끝부분에 검정 사인펜으로 점을 찍어요.

2. 종이 반대쪽 끝을 연필에 돌돌 말아서 고정해요. 그런 다음, 점이 찍힌 종이 끝부분이 물에 닿도록 늘어뜨려요.

3. 물이 종이에 빨려 올라가면서 수성 사인펜 잉크도 함께 딸려 올라가요.

4. 몇 분 뒤, 종이에 물든 다양한 잉크 색깔을 볼 수 있을 거예요.

검정 사인펜으로 찍은 점

어떤 색은 다른 색보다 물을 따라 더 멀리까지 이동해요. 그 색깔 입자가 물에 얼마나 잘 용해되느냐에 달렸지요. 이런 방식으로 색을 분리할 수 있어요.

색깔이 다른 수성 잉크 사인펜으로도 실험해 보고 결과를 비교해 봐요.

실험실에서는 화학자들이 더 다양한 분리 기법을 선택할 수 있어요. 어떤 특성을 활용하는지에 따라 분리 기법이 달라져요. 혼합물을 엄청나게 빨리 회전시켜서 밀도에 따라 분리하거나, 자석 밑에 뿌려서 자성을 띤 부분만 골라낼 수도 있지요. 하지만 화합물에는 이런 방법들이 전혀 통하지 않을 거예요.

지지직!

어떤 화합물을 분리할 때는 전기 자극으로 원자들의 결합을 깨뜨려야 해요.

제2장
원자의 세계로 떠나는 여행

원자에는 우리 생각보다 훨씬 더 굉장한 *뭔가*가 있어요.
원자는 엄청나게 작디작은데, *그보다 더 작은* 입자로
구성되어 있어요. 원소는 이런 입자들의 *개수*에
따라 달라져요. 화학자들은 **주기율표**라는 표에
모든 원소를 계속 기록하고 있어요.

예를 들어, 금 원자가 염소 원자와 어떻게 다른지를 이해하면,
화학 반응이 어떻게 산에서 미생물에 이르기까지
모든 것을 존재하게 했는지 이해할 수 있을 거예요.

원자는 무엇으로 이루어졌을까요?

원자는 *엄청나게* 작아요. 이 문장 끝에 찍은 마침표 속에 원자가 10조 개는 들어갈 수 있을 정도예요. 10조는 10 뒤에 0을 12개나 더 붙여야 하는 엄청나게 큰 수예요. 그런데 이렇게 작은 원자도 훨씬 더 작은 부분으로 이루어져 있답니다.

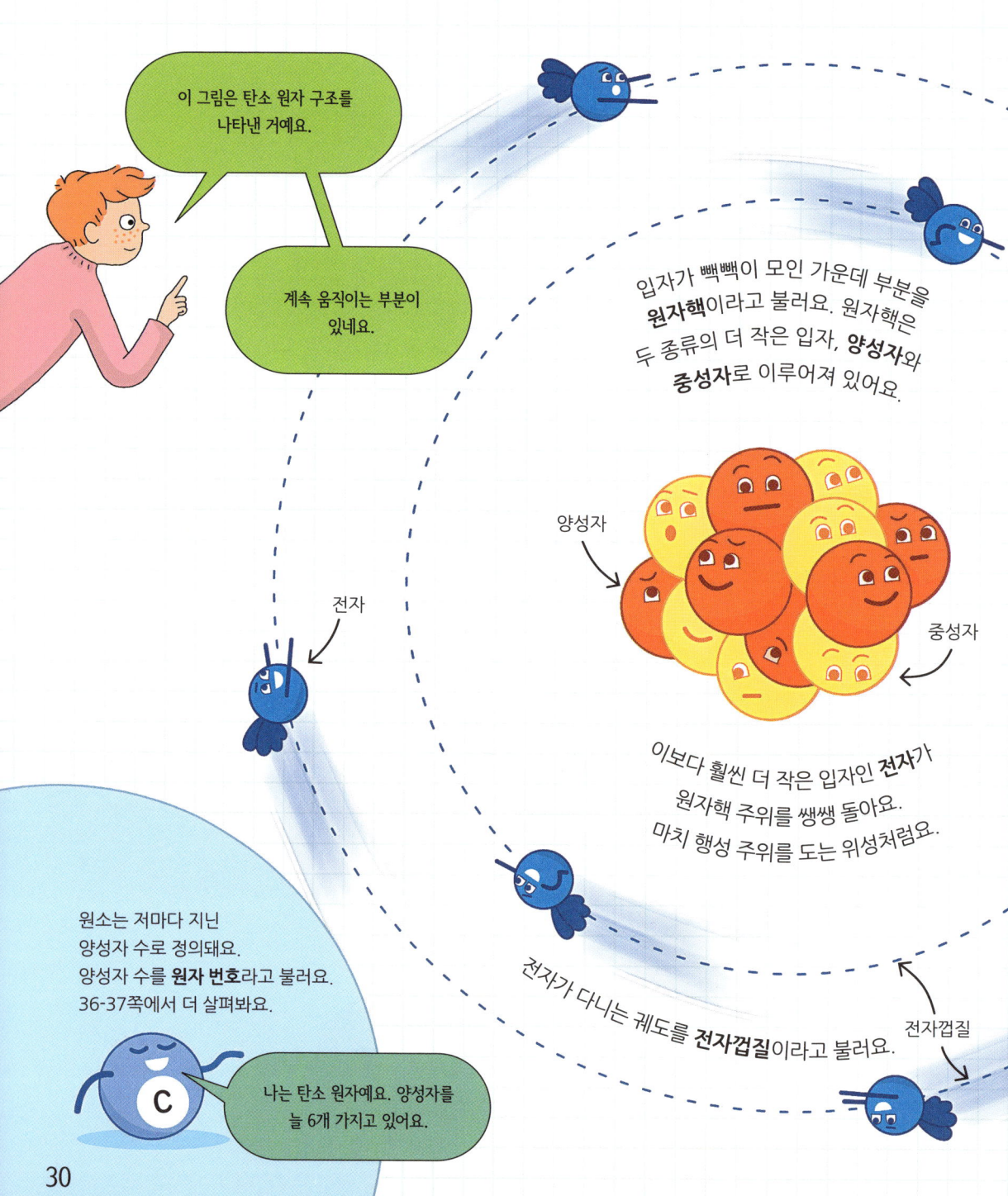

전하

원자의 일부분은 정전기를 띠는데, 이것을 **전하**라고 말해요. 양성자는 양전하를 띠고, 전자는 음전하를 띠어요. 중성자는 전하를 띠지 않는 중립이에요.

다른 전하는 서로 끌어당겨요. 다시 말해, 양성자와 전자는 마치 자석처럼 서로를 끌어당긴다는 뜻이에요.

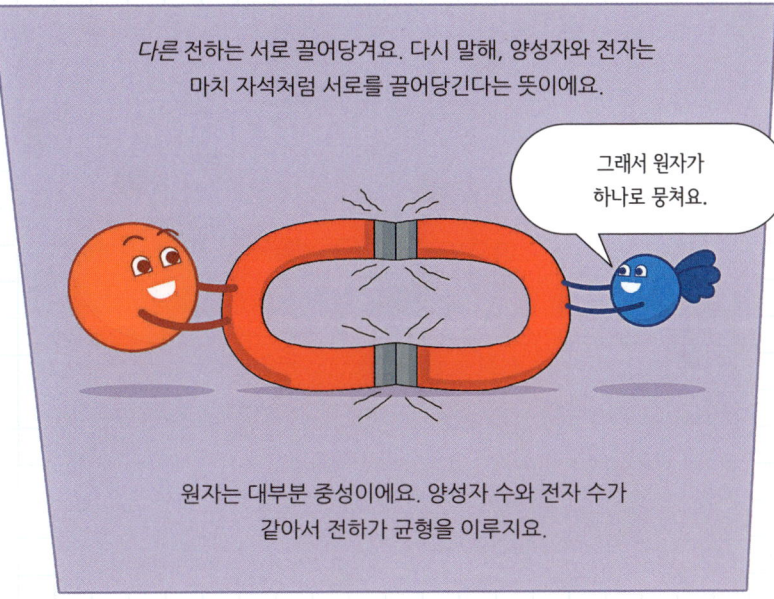

그래서 원자가 하나로 뭉쳐요.

원자는 대부분 중성이에요. 양성자 수와 전자 수가 같아서 전하가 균형을 이루지요.

같은 전하를 띤 양성자들은 서로를 밀어내요. 하지만 중성자들이 양성자들을 떨어지지 않게 붙잡아서 원자핵을 유지해요.

나 좀 놓아 줘!

가지 마….

전자껍질

전자껍질은 물질이 저마다 어떻게, 왜 다르게 반응하는지 많은 것을 설명해 줘요.
원자핵을 둘러싼 전자껍질에는 어떤 규칙이 있거든요.

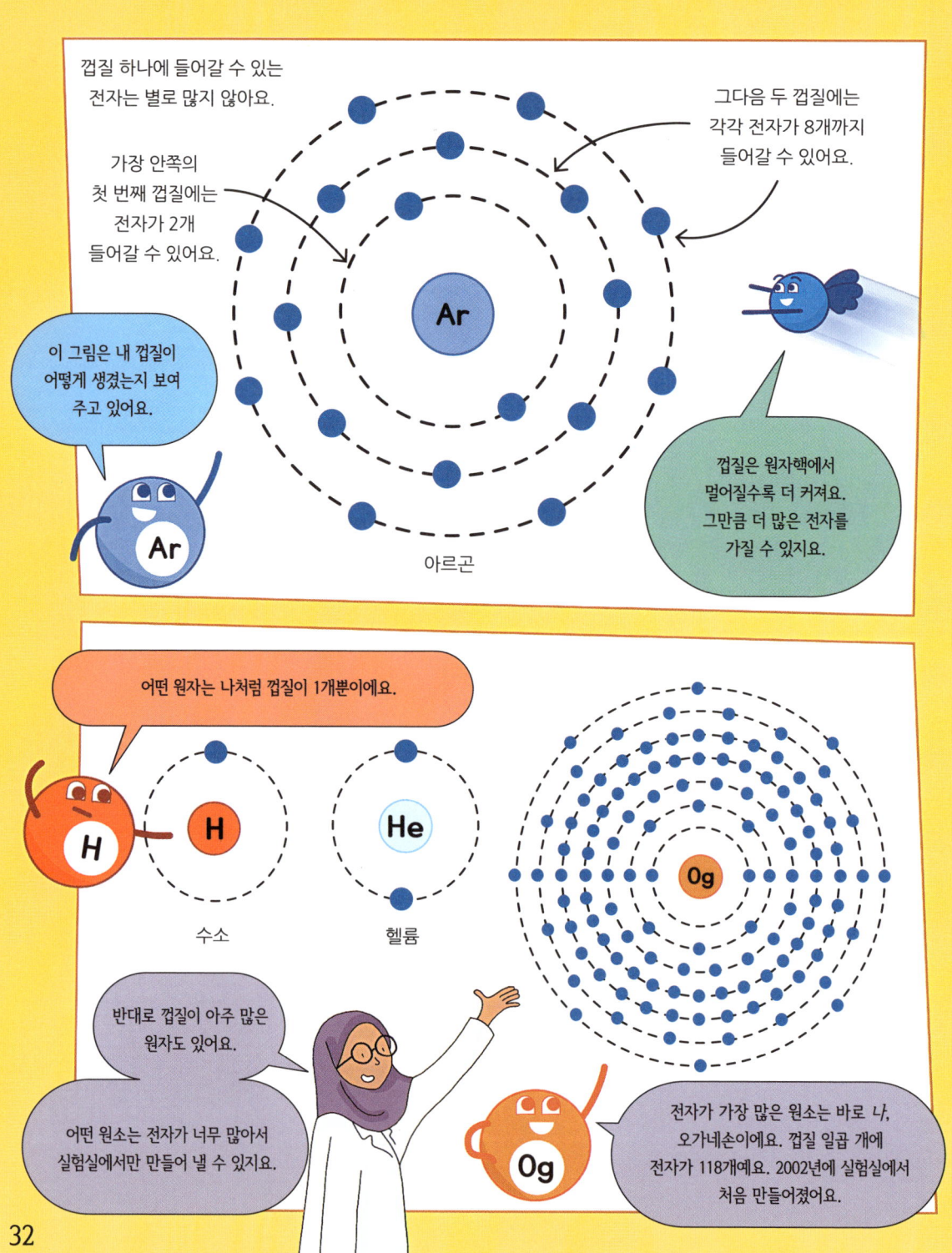

바깥 껍질

화학자들은 대개 가장 바깥쪽에 있는 껍질에 주목해요. 이곳에서 온갖 일이 벌어지거든요. 모든 원자의 주된 목표는 바깥 껍질을 가득 채우는 거예요.

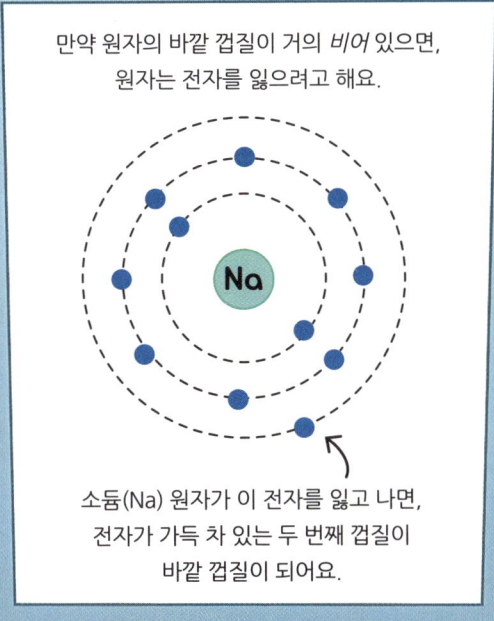

만약 원자의 바깥 껍질이 거의 *비어* 있으면, 원자는 전자를 잃으려고 해요.

소듐(Na) 원자가 이 전자를 잃고 나면, 전자가 가득 차 있는 두 번째 껍질이 바깥 껍질이 되어요.

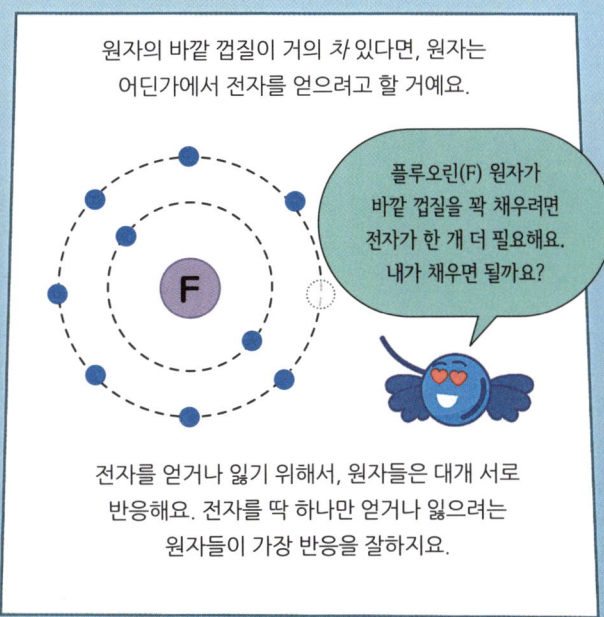

원자의 바깥 껍질이 거의 *차* 있다면, 원자는 어딘가에서 전자를 얻으려고 할 거예요.

플루오린(F) 원자가 바깥 껍질을 꽉 채우려면 전자가 한 개 더 필요해요. 내가 채우면 될까요?

전자를 얻거나 잃기 위해서, 원자들은 대개 서로 반응해요. 전자를 딱 하나만 얻거나 잃으려는 원자들이 가장 반응을 잘하지요.

껍질이 꽉 차면 뭐가 좋을까요?

원자의 바깥 껍질이 꽉 차면, 원자 내부에 끌어당기는 힘이 균형을 이루어서 안정적인 원자가 돼요. 안정적인 원자는 불안정한 원자보다 에너지가 적어요. 그래서 자연에서는 가장 적은 에너지를 갖는 것이 언제나 더 쉽지요.

공을 생각해 보세요. 공은 스스로 움직이지 않아요. 하지만 우리가 공을 빵 차면, 공은 에너지를 얻어요.

공은 통통 튀어 가면서 에너지를 서서히 잃다가 결국 다시 멈출 거예요. 공의 **에너지 상태**가 가장 낮은 때로 돌아가는 거죠.

원자가 안정되는 것도 이와 비슷해요.

원자를 어떻게 알 수 있나요?

원자는 원자를 볼 수 있을 만큼 성능 좋은 현미경이 나오기도 전에 발견되었어요.
눈으로 원자를 볼 수 없어도 과학자들은 연구를 멈추지 않았어요.
원자가 어떻게 작용하는지 *상상력*을 발휘해서 **원자 모형**을 개발했지요.

하지만 어떤 사람들은 *여전히* 원자가 존재하는지를 의심했어요. 1905년에 젊은 과학자 알베르트 아인슈타인이 오랫동안 풀리지 않던 어느 과학 문제를 해결했는데, 그 덕분에 원자가 존재한다는 사실이 증명되었어요.

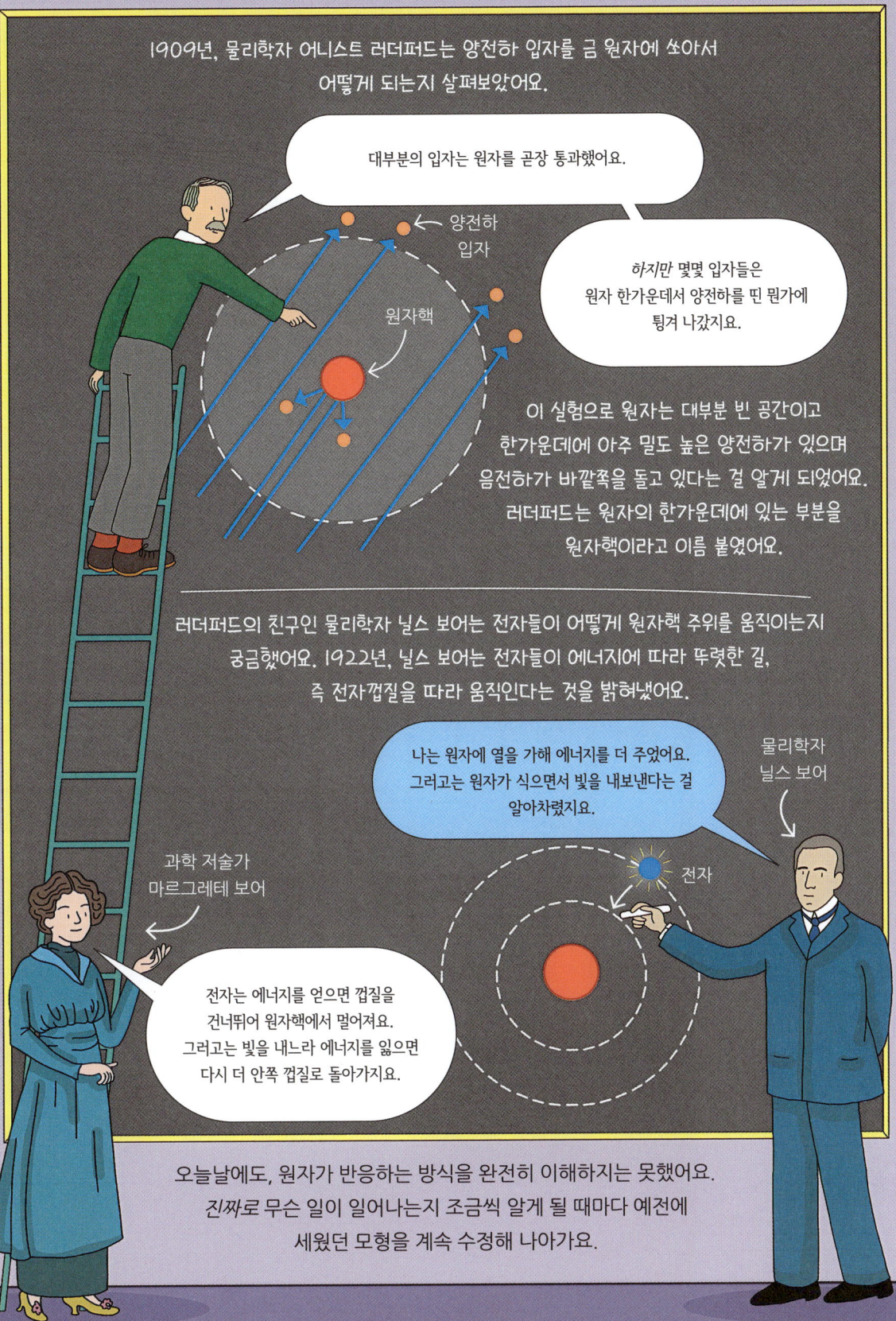

주기율표

과학자들은 다양한 원소들을 모두 기록하기 위해 **주기율표**에 원소를 배열했어요. 주기율표에는 *아주 많은* 정보가 담겨 있지요. 하지만 어떤 방식으로 나타냈는지 이해하면, 주기율표는 방대한 화학 지식을 한눈에 볼 수 있는 놀랍도록 간편한 요약본이 되어요.

네모 칸은 118개의 원소를 한 개씩 나타내요. 원자핵의 양성자 개수를 나타내는 **원자 번호**에 따라 왼쪽부터 오른쪽으로 나열되었어요.

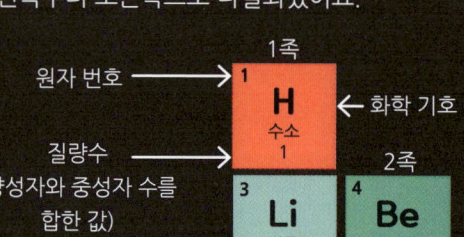

각 세로줄은 **족**이라고 불러요. 같은 족에 있는 원소들은 비슷한 특성을 지녔어요.

같은 족에서 한 줄씩 내려갈수록 원자는 전자껍질이 한 개 더 많아져서 점점 더 커져요. 하지만 *바깥 껍질*에 있는 전자 수는 늘 똑같아요.

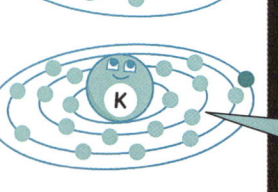

주황색 원소들을 제자리에 넣으면 표가 가로로 너무 길어질 거예요. 그래서 아래쪽에 따로 빼놨어요.

우리는 *1족*에 속한 원소들이에요. 바깥 껍질 전자가 모두 *한 개*지요.

주기율표에서 가로줄은 **주기**라고 불러요. 같은 주기에 있는 원소들은 전자껍질 개수가 똑같아요. 왼쪽에서 오른쪽으로 갈수록 원자들은 양성자 수와 전자 수가 1개씩 많아져서 더 무거워져요. 중성자 수도 늘어나지만, 늘 1개씩 많아지진 않아요.

주기를 따라 왼쪽에서 오른쪽으로 갈수록, 원소들은 점점 더 작아져요.

이상하다. 너희 둘은 왜 나보다 더 작아?

우리는 양성자가 더 많거든. 그 말은 양전하가 더 많다는 뜻이고…

…전하들을 원자핵으로 끌어당기는 힘이 더 강하다는 뜻이지. 그래서 우리는 더 작고 밀도가 높아.

 할로겐

 비활성 기체

 기타 비금속

					18족
					2 **He** 헬륨 4
13족	14족	15족	16족	17족	
5 **B** 붕소 11	6 **C** 탄소 12	7 **N** 질소 14	8 **O** 산소 16	9 **F** 플루오린 19	10 **Ne** 네온 20
13 **Al** 알루미늄 27	14 **Si** 규소 28	15 **P** 인 31	16 **S** 황 32	17 **Cl** 염소 35	18 **Ar** 아르곤 40

27 **Co** 코발트 59	28 **Ni** 니켈 59	29 **Cu** 구리 64	30 **Zn** 아연 65	31 **Ga** 갈륨 70	32 **Ge** 저마늄 73	33 **As** 비소 75	34 **Se** 셀레늄 79	35 **Br** 브로민 80	36 **Kr** 크립톤 84
45 **Rh** 로듐 103	46 **Pd** 팔라듐 106	47 **Ag** 은 108	48 **Cd** 카드뮴 112	49 **In** 인듐 115	50 **Sn** 주석 119	51 **Sb** 안티모니 122	52 **Te** 텔루륨 128	53 **I** 아이오딘 127	54 **Xe** 제논 131
77 **Ir** 이리듐 192	78 **Pt** 백금 195	79 **Au** 금 197	80 **Hg** 수은 201	81 **Tl** 탈륨 204	82 **Pb** 납 207	83 **Bi** 비스무트 209	84 **Po** 폴로늄 209	85 **At** 아스타틴 210	86 **Rn** 라돈 222
109 **Mt** 마이트너륨 278	110 **Ds** 다름슈타튬 281	111 **Rg** 뢴트게늄 280	112 **Cn** 코페르니슘 285	113 **Nh** 니호늄 286	114 **Fl** 플레로븀 289	115 **Mc** 모스코븀 289	116 **Lv** 리버모륨 293	117 **Ts** 테네신 294	118 **Og** 오가네손 294

62 **Sm** 사마륨 150	63 **Eu** 유로퓸 152	64 **Gd** 가돌리늄 157	65 **Tb** 터븀 159	66 **Dy** 디스프로슘 163	67 **Ho** 홀뮴 165	68 **Er** 어븀 167	69 **Tm** 툴륨 169	70 **Yb** 이터븀 173	71 **Lu** 루테튬 175
94 **Pu** 플루토늄 244	95 **Am** 아메리슘 243	96 **Cm** 퀴륨 247	97 **Bk** 버클륨 247	98 **Cf** 캘리포늄 251	99 **Es** 아인슈타이늄 252	100 **Fm** 페르뮴 257	101 **Md** 멘델레븀 258	102 **No** 노벨륨 259	103 **Lr** 로렌슘 262

우아! 그러니까 이 표가 우주에 있는 모든 원소를 보여 주는 거라고요?

정확히는, *지금까지* 발견한 모든 원소를 보여 주지. 119번 원소는 아직 발견되지 않았어. 언젠가 발견된다면 새로운 줄을 만들어야 할 거야.

금속족을 만나요

자동차, 비행기, 기차부터 온갖 도구와 전자 기기까지, 금속이 없었다면 우리는 이만큼 발전하지 못했을 거예요. 완전히 똑같은 금속은 없지만, 특성이 비슷한 금속들을 같은 **족**으로 묶을 수 있어요. 각 금속족의 특성은 다음과 같아요.

전이 금속

강하고 반응을 잘 일으키지 않는 전이 금속은 수천 년 동안 인기 많고 귀한 재료였어요. 전이 금속으로 다음과 같은 것이 있어요.

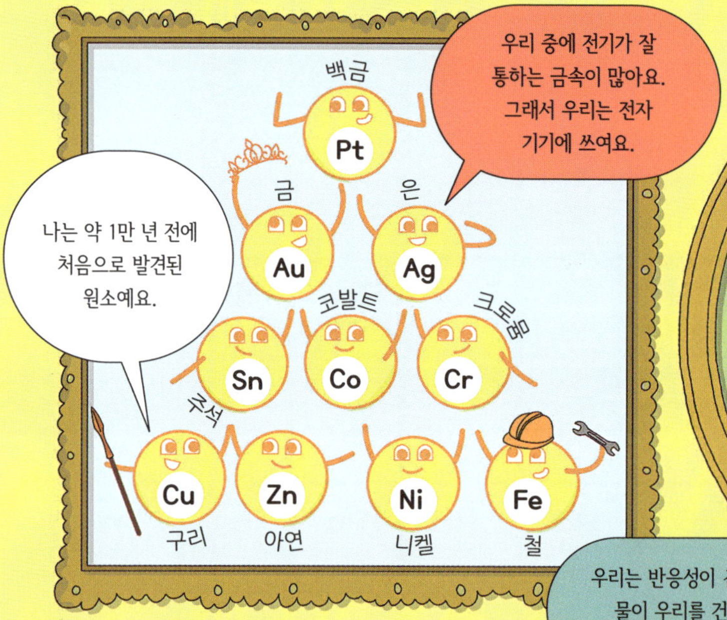

알칼리 금속

알칼리 금속은 부드럽고, 반짝거리고, 반응성이 커요. 반응을 워낙 잘해서 화합물의 일부로 많이 발견돼요.

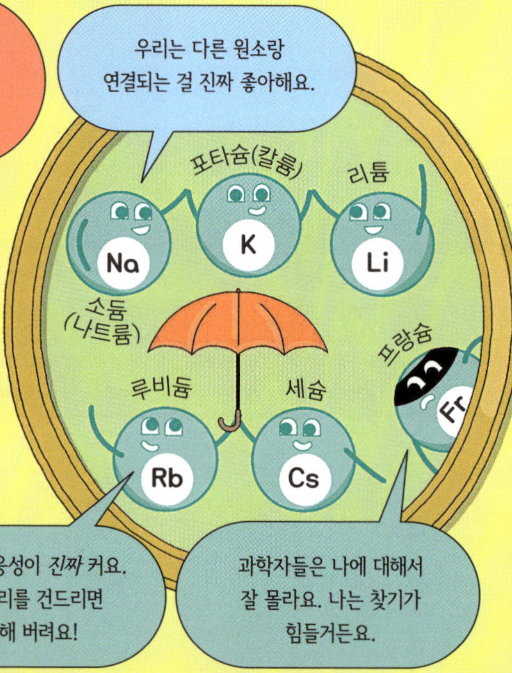

알칼리 토금속

은빛의 알칼리 토금속은 구부리거나 쭉 늘릴 수 있어요. 다른 알칼리 금속보다는 반응성이 덜하지만, 그래도 혼자 발견되는 경우는 드물어요.

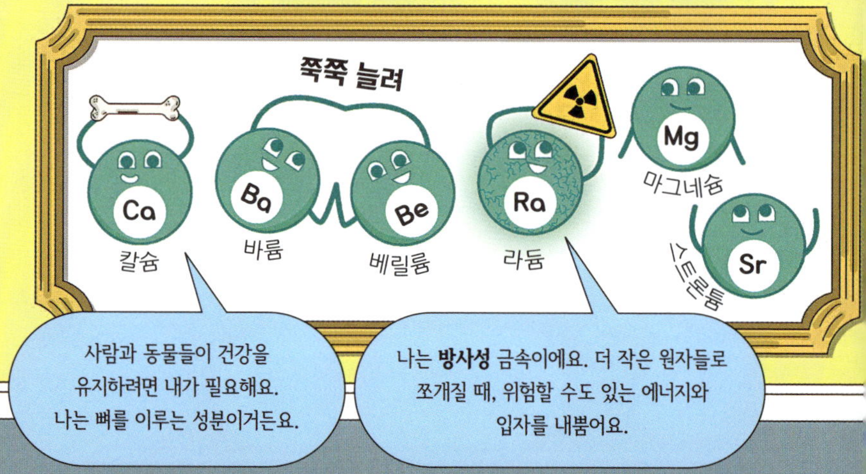

금속 화합물은 불에 타면 불꽃이 알록달록한 색을 띠어요.
불꽃색으로 화합물에 어떤 금속이 들었는지 확인할 수 있지요.

구리
Cu

철
Fe

리튬
Li

포타슘(칼륨)
K

내 불꽃은 연보라색이야.

바륨
Ba

참 잘 어울려.

소듐(나트륨)
Na

금속이 나타내는 선명한 불꽃은
불꽃놀이에 안성맞춤이에요.
빨간색 불꽃은 스트론튬이나
리튬 화합물로 만들어요.

초록색 불꽃에는
바륨 화합물이 들어 있고…

…파란색 불꽃은
구리 화합물을 활용하지요.

슈웅
팡팡

치지직

팡팡 터지는 저 소리는
왜 나는 거예요?

폭죽 속에 든 화약이 터지면서
나는 소리야. 화약은 오래전부터
사용된 폭발물인데, 질산 포타슘과
탄소와 황으로 만들지.

그러니까 팡팡 소리와
불꽃 모두에…
화학이 깃들어 있네요!

비금속족을 만나요

비금속족은 주로 눈에 보이지 않는 기체예요. 그래서 흘려 넘기기 쉬운데, 그렇다면 크게 실수하는 거예요. 예를 들어, 산소는 눈에 보이지 않고 만질 수도 없지만 우리가 숨 쉬고 살아가기 위해서는 꼭 필요해요. 비금속족은 다음과 같이 세 부류가 있고, 부류마다 고유한 특성을 나타내요.

할로겐 원소

할로겐족에 속하는 원소들은 서로 비슷한 점을 찾기가 꽤 어려워요. 염소는 초록색 기체이고, 브로민은 갈색 액체이고, 아이오딘은 보라색 고체예요. 이 원소들은 겉보기에 다르지만 비슷한 방식으로 반응해요. 모두 독성을 띠고 반응성이 높지요.

할로겐족 원소는 수소와 반응하면 물에 용해되어, 신맛이 나고 부식을 일으키는 **산**이라는 화학 물질을 만들어요.

생명에 꼭 필요한 원소

다음 여섯 가지 원소는 생명체의 98퍼센트를 구성하고 특히 지구에 사는 생명체에게 매우 중요해요. 이 원소들의 원자들이 서로 결합해서 우리 몸을 구성하는 거대한 생물 분자를 형성해요. 이 원소들이 없으면 우리는 존재할 수 없을 거예요.

비활성 기체

비활성 기체는 화학 반응성이 극도로 낮아요. 바깥 껍질에 전자가 가득 차 있기 때문에 다른 원소와 활발하게 반응하지 않지요.

불안정한 원자

주기율표에 있는 일부 원소는 양성자나 중성자가 너무 많아서 원자핵이 불안정해요. 이런 원소들은 시간이 흐르면서 입자들을 내보내는데, 이런 과정을 **방사성 붕괴**라고 해요.

방사성 원소

방사성 원자의 원자핵이 붕괴하면 원자는 에너지를 잃어요. 또한 양성자, 중성자, 전자의 조합도 깨지면서 다른 원소로 변형돼요. 주기율표에는 방사성 원소가 38개 있어요.

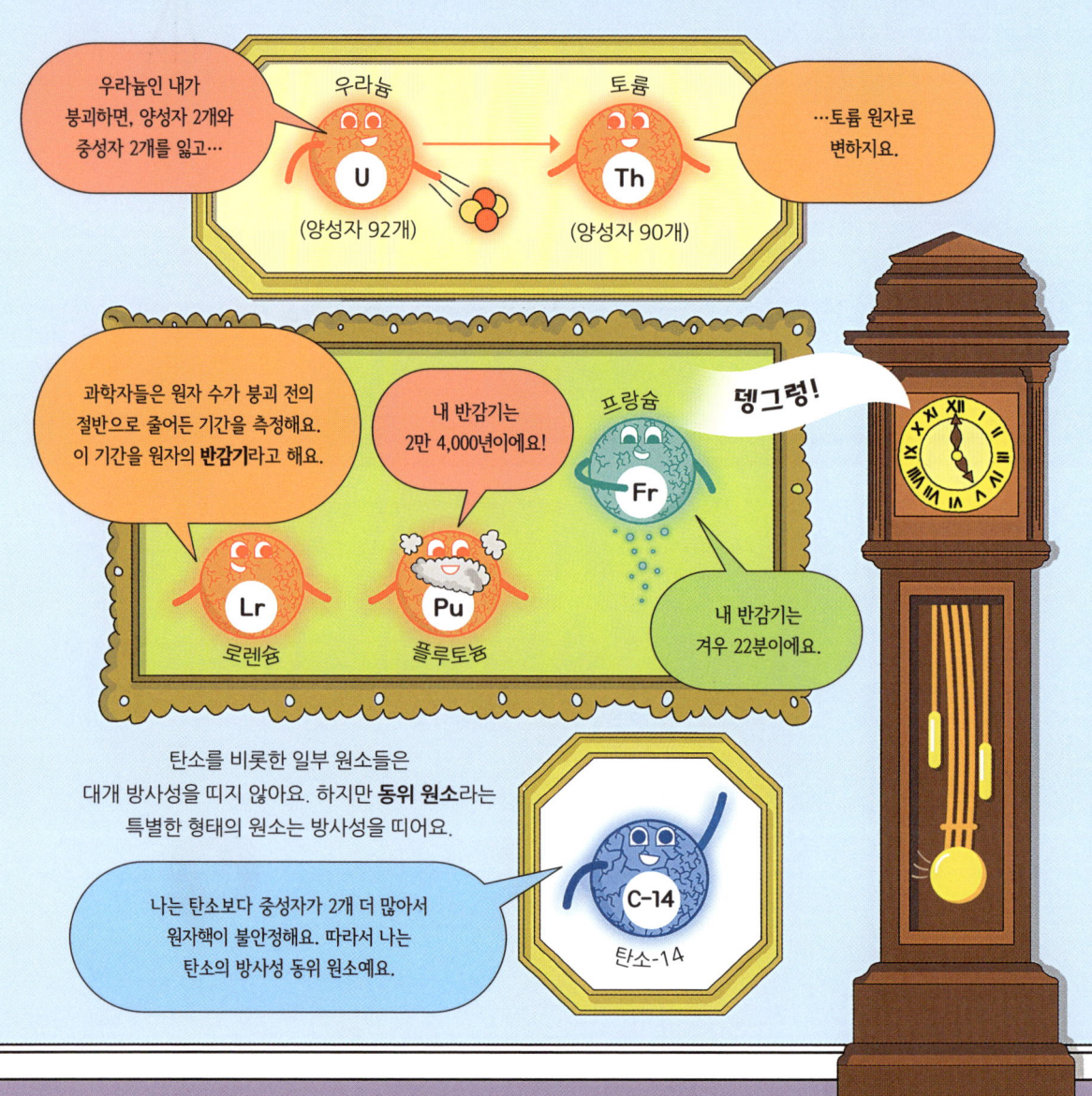

위험한 발견

방사성 원자가 붕괴할 때 방출되는 입자들은 에너지가 많아요. 이 에너지를 **방사선**이라고 하는데, 방사선을 많이 쬐면 몹시 해로울 수 있어요. 고에너지 입자들은 생물의 세포와 충돌해서 세포들을 죽이기 때문이에요.

엄청난 성공작일까요?

방사선이 방출되는 방사능은 자연적으로 일어나는 현상이고, 위험할 수 있지만 유용할 수도 있어요. 우리가 방사선으로 무엇을 할 것인지를 선택하는 게 중요해요.

원소 발견하기

새로운 원소를 발견하는 여정은 오래 걸리고 늘 쉽지 않았어요. 이 연대표는 주요 몇 가지 원소 발견들만 추렸어요. 원소를 발견하게끔 한 실험과 실수들, 그리고 행복한 우연도 함께 살펴봐요.

기원전 9000-5000년

초기 문명사회에서 구리, 납, 금, 은을 비롯한 많은 금속을 발견하여 도구와 장신구를 만들었어요.

Pb, Cu, Au, Ag

기원전 1000년

Zn

일부 원소들은 **연금술사**들이 우연히 발견했어요. 연금술사는 기본 금속을 금으로 바꿀 수 있다고 믿으며 연구했던 사람들이에요.

850-950

Sb

한 연금술사가 많은 양의 소변을 끓여서 빛나는 하얀 물질을 발견했어요. 바로 나, 인이랍니다!

P

1669년

나는 산소예요. 나를 발견한 화학자는 산화 수은을 가열하고 있었는데, 이때 나온 기체가 다른 물질이 불에 타는 걸 돕는다는 사실을 알아냈어요. 그래서 나는 '불 공기(fire air)'라고 처음 알려졌지요.

O

1771-1777년

과학은 시행착오의 연속이에요. 그 과정에서 새로운 원소가 수없이 제시되었지만, 시간이 흐른 뒤에 끝내 진실이 드러나기도 했어요.

1899년

안녕, 나는 빅토륨이에요!

당신 이름은 명단에 없는데요.

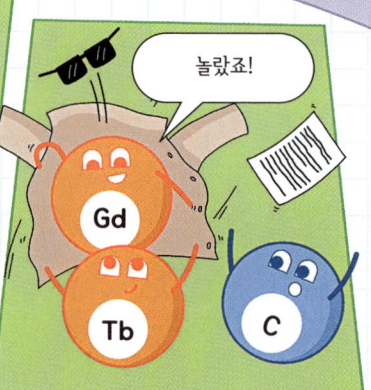

아, 그럴 거예요. 재밌는 사연이 있는데요, 나중에 더 정확히 실험해 봤더니 나는 가돌리늄과 터븀의 혼합물로 밝혀졌어요.

놀랐죠!

Gd, Tb, C

순서 찾기

1869년, 원소 63개를 발견했을 때였어요. 러시아의 화학자인 드미트리 멘델레예프는 원소들을 체계적으로 배열하는 방식을 개발했어요. 그것이 발전하여 바로 오늘날 전 세계 과학자들이 사용하는 주기율표가 되었어요.

멘델레예프는 원소를 질량에 따라 가로로 나열하고, 특성에 따라서 세로로 배열했어요. 하지만 이렇게 배열한 과학자는 멘델레예프만이 아닌데, 왜 그에게 공이 돌아갔을까요?

사실, 많은 과학자가 다른 과학자들의 업적을 토대로 자신의 업적을 쌓아 가요. 하지만 멘델레예프가 원소를 배열한 방식에는 눈에 띄는 점이 몇 가지 있어요.

멘델레예프는 아직 발견되지 않은 원소 자리는 비워 두고, 그 원소가 어떤 특성을 지녔을지를 예측했어요. 그 원소가 나중에 발견되고 나면, 멘델레예프의 예측이 대체로 옳았다는 걸 알 수 있었어요.

멘델레예프의 주기율표

멘델레예프는 원소들을 주로 질량에 따라 배열했지만, 일부는 화학적 성질에 더 잘 맞는 쪽으로 자리를 옮겼어요. 예를 들어, 멘델레예프는 아이오딘과 텔루륨의 질량이 부정확하게 측정되었다고 생각하면서, 둘의 자리를 바꿨어요.

우리는 라듐과 폴로늄이에요. 둘 다 방사성 원소로, 마리 퀴리와 피에르 퀴리가 발견했어요. 폴로늄은 마리 퀴리의 고국인 폴란드의 이름에서 따왔어요.

1869년

1898년

새로운 원소는 중요한 과학자에게서 이름을 따오기도 했어요. 나는 아인슈타이늄이에요. 유명한 물리학자인 알베르트 아인슈타인의 이름에서 따왔지요.

1952년

2002-2009년

오가네손, 모스코븀, 니호늄, 테네신 같은 원소들은 대부분 최근에 발견되었고 자연에 존재하지 않아요. 과학자들이 만들어 낸 원소이고, 매우 빠르게 붕괴하여 다른 원자로 변해요.

우리는 입자 가속기라는 강력한 기계에서 입자들을 충돌시키면서 발견했어요.

제3장
결합하기

자연에서는 보통 원자들이
서로 **결합**한 상태로 발견돼요.
공유하는 것이든, 주는 것이든,
얻은 것이든, 결합은 원자와 **전자** 사이에
벌어지는 모든 일과 관련 있어요.

결합

원자들은 전자껍질에 전자가 꽉 찼을 때 가장 안정적이에요.
이렇게 '행복한' 상태가 되려고 원자들은 다른 원자들과 **결합**해요.

공유 결합

원자들이 껍질을 채우는 방법 하나는 전자들을 공유하는 거예요.

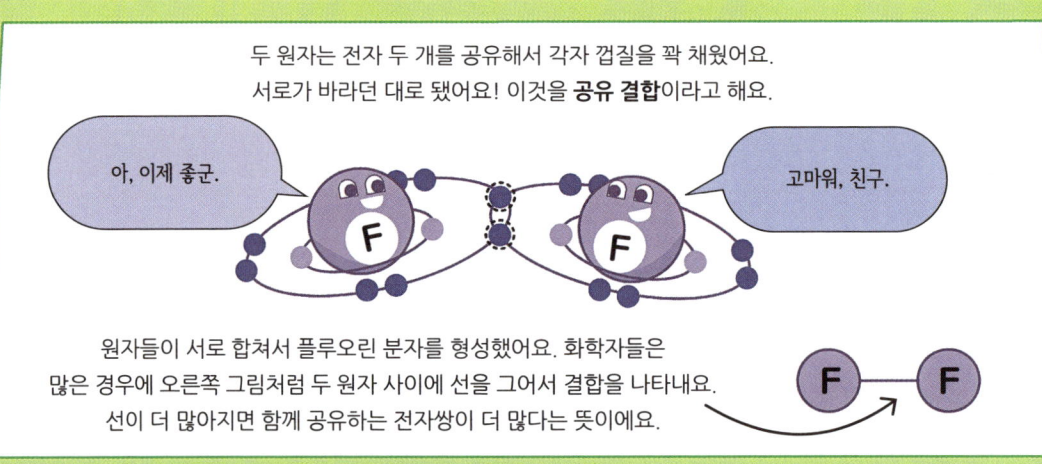

 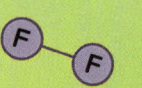

플루오린은 기체예요. 플루오린 분자들은 서로 강하게 끌어당기지 않아서 여기저기 흩어져 있어요.

가장 쉽게 접하는 공유 결합 분자들은 실온에 있는 액체와 기체예요.

더 큰 분자들은 공유 결합을 통해 큰 구조를 형성할 수 있어요.

다이아몬드는 탄소(C) 원자들이 오른쪽 그림과 같은 형태로 결합하고 있어요.

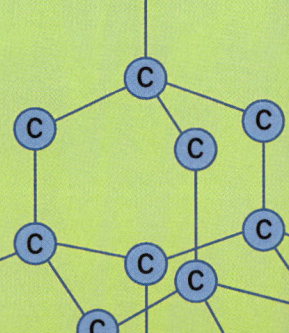

이온 결합

어떤 원자들은 전자들을 공유하지 않고 아예 전자를 내놓아 결합해요.
소듐(나트륨)(Na)과 염소(Cl)가 만나면 이런 일이 벌어져요.

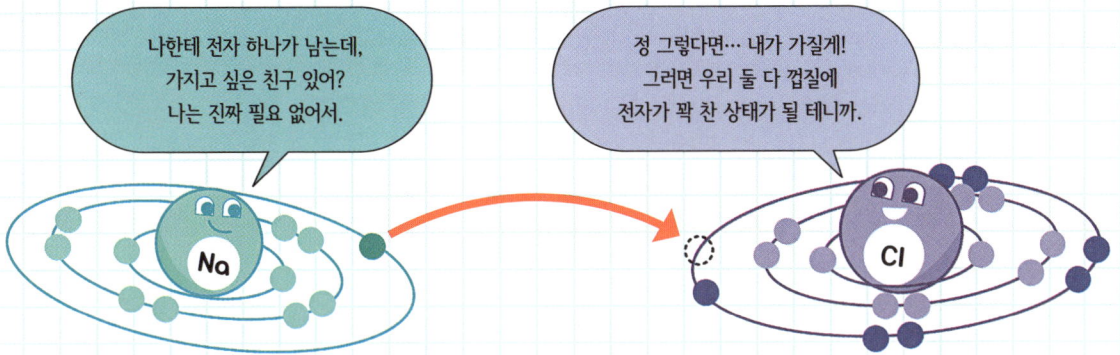

이렇게 전자를 주고받고 나면, 이제 두 원자들은 전자와 양성자 수가 *달라져요*.
그래서 전하가 생겨요. 화학에서는 전하를 띤 원자를 **이온**이라고 불러요.

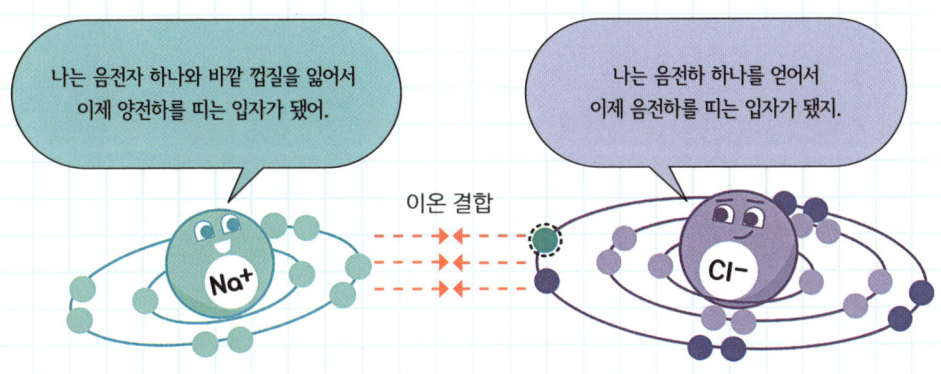

반대되는 전하를 띤 이온들은 서로를 끌어당겨요. 이것을 **이온 결합**이라고 해요.

많은 원자가 전자들을 교환하여 단단하고 체계적으로 잘 짜인 구조물을 만드는데, 이것을 **결정**이라고 불러요. 소듐(나트륨)과 염소가 이런 과정을 거쳐서 소금 결정을 만들지요.

서로 결합한 원자들은 완전히 새로운 반응을 보여요. 소듐(나트륨)과 염소 각각은 독성이 있어서 먹을 수 없지만, 소금은 먹을 수 있어요.

특별한 물

물은 너무 흔해서 아마 특별할 게 없다고 생각할 거예요. 하지만 틀렸어요!
물은 굉장히 독특한 성질을 지녔어요. 물 원자들이 결합하는 방식 때문이지요.

어떻게 우리는 물에 빠지지 않고 물 위를 걸어 다닐 수 있지?

물 분자들이 서로 끌어당겨서 붙어 있기 때문이야. 서로 들러붙은 분자들 때문에 얇은 막 같은 표면이 생겨서 우리처럼 가벼운 생물이 서 있을 수 있어.

끈끈한 물 분자의 성질은 원자들이 전자들을 공유하려는 특성과 관련이 있어요.

물 분자는 산소(O) 원자 하나와 수소(H) 원자 두 개가 전자를 공유하고 있어요.

공유된 전자들은 산소 원자 쪽으로 끌어당겨져요. 산소 원자핵에 수소 원자핵보다 양성자가 더 많아서 양전하를 더 강하게 띠기 때문이에요.

전자가 많이 끌려간 산소 원자는 약간 음전하를 띠고, 반대로 수소 원자는 약간 양전하를 띠게 돼요.

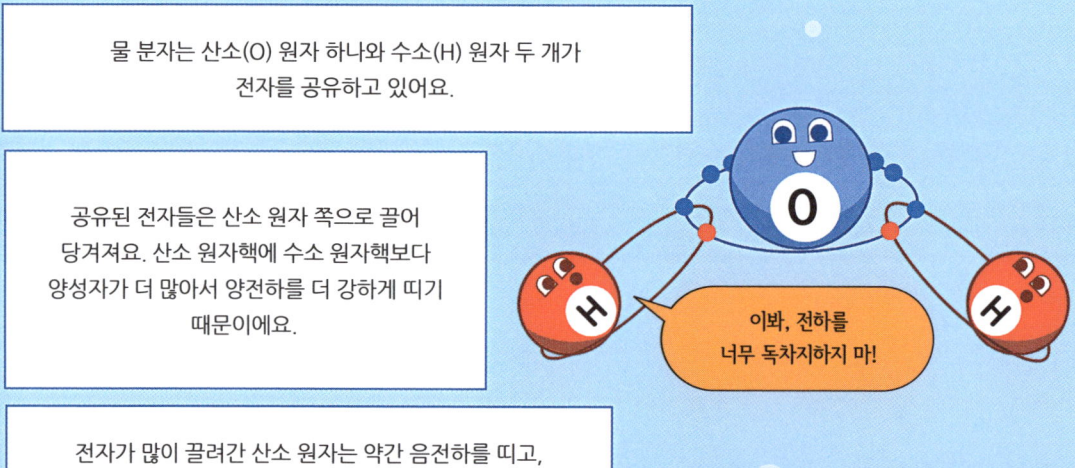

이봐, 전하를 너무 독차지하지 마!

이렇게 약간 반대 전하를 띤 부분 때문에, 물 분자들이 많이 만나면 서로를 끌어당기는 거예요.

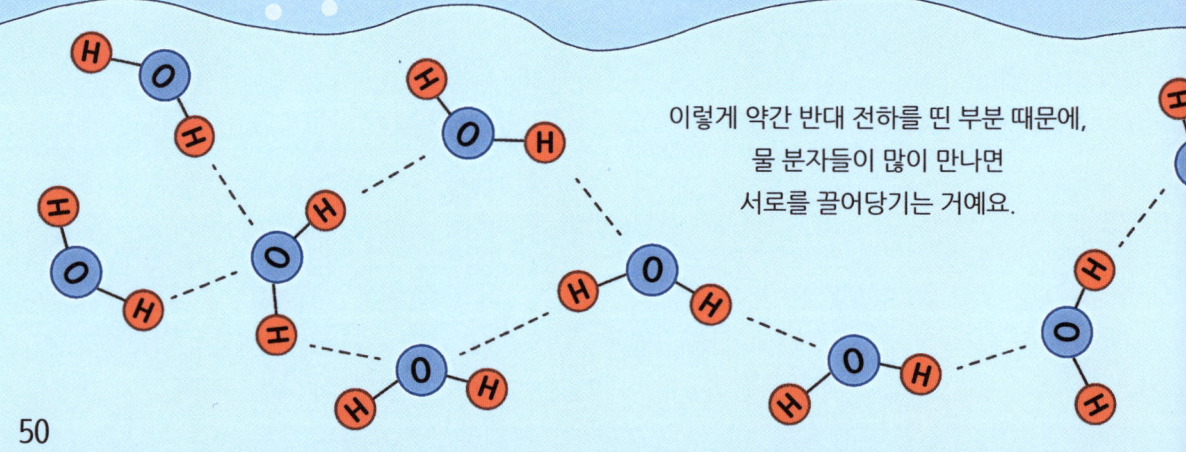

50

용해

물은 사람 몸에서는 약 60퍼센트를 차지하고, 식물의 경우 최대 90퍼센트를 차지하고 있어요. 산소와 당분과 소금 같은 필수 화학 물질을 녹여 온몸으로 날라 주는 물은 생물에게 꼭 필요해요.

물은 왜 용해를 잘해요?

물 분자에 있는 작은 전하들 덕분이지. 다른 물질에 있는 전하 부분을 둘러싸거든.

예를 들면, 물에 소금이 녹을 때 다음과 같은 일이 벌어져요.

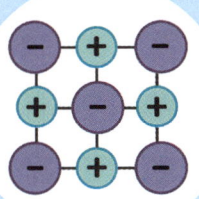

소금 결정은 이온(양전하와 음전하를 띤 원자들)으로 구성되어 있어요.

물 분자들이 이 이온들을 떼어 놓아요.

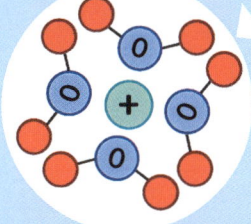

물의 산소 원자들은 양이온들을 끌어당겨 둘러싸요.

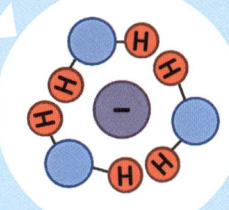

물의 수소 원자들은 음이온들을 끌어당겨 둘러싸요.

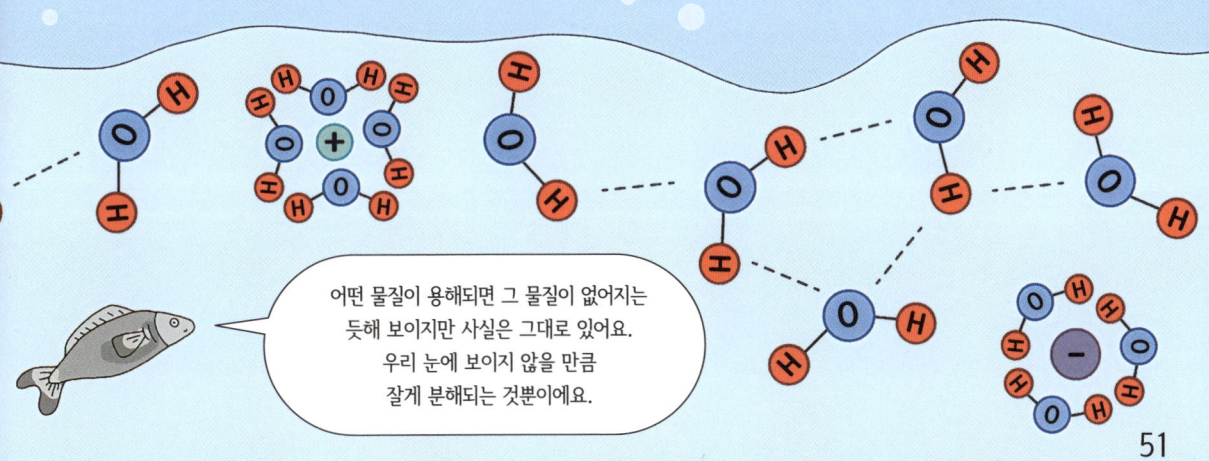

어떤 물질이 용해되면 그 물질이 없어지는 듯해 보이지만 사실은 그대로 있어요. 우리 눈에 보이지 않을 만큼 잘게 분해되는 것뿐이에요.

대단한 금속

금속은 특별한 방법으로 전자를 공유해요. 금속 원자들은 많이 모이면 가장 바깥 껍질에서 전자를 내보내고, 이 전자들은 원자들 사이를 자유롭게 돌아다녀요. 이런 결합을 **금속 결합**이라고 해요.

리튬(Li) 원자가 하나 있어요. 리튬 원자의 바깥 껍질에는 전자 1개가 쌩쌩 다녀요.

리튬 원자들이 한자리에 가까이 모이면, 바깥 껍질들이 겹쳐져요.

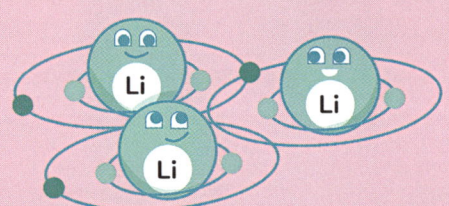

원자들은 바깥 껍질에서 전자들을 내놓고, 전자들은 양이온들이 형성한 구조 속에서 어디든 자유롭게 돌아다녀요. 이것을 **자유 전자**라고 하지요.

우리는 각자 음전하를 1개씩 잃고, 양이온이 되었어요.

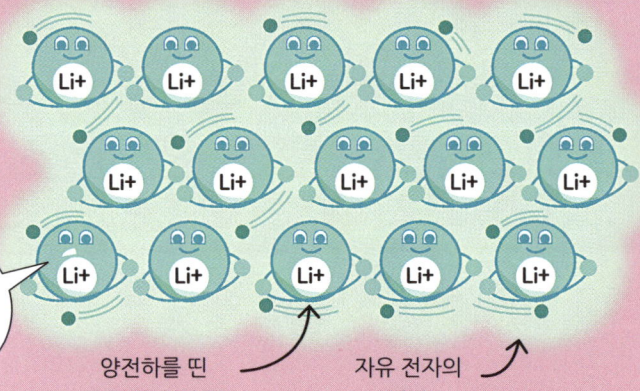

양전하를 띤 금속 원자(이온)

자유 전자의 '바다'

음전하를 띤 자유 전자와 양이온은 서로를 끌어당겨서 전체가 흩어지지 않고 뭉쳐 있어요. 금속 결합은 이런 방식으로 이루어져요.

금속 결합은 굉장히 튼튼해요. 원자들의 결합을 깨려면 엄청난 양의 에너지가 필요해요. 그래서 금속을 녹이려면 굉장히 높은 온도로 열을 가해야 하지요.

강철을 만들기 위해 철을 녹이려면 1,500도가 넘는 온도로 열을 가해야 해요.

금속 결합 덕분에 금속은 유용한 특성을 띠어요.

전성과 연성

금속 이온들은 금속 결합을 깨지 않고 서로 미끄러지듯 움직여요.

망치로 금속을 내리치면 부서지지 않고 펴져요. 이것을 **전성**이라고 해요.

금속은 이렇게 길게 늘어날 수도 있어요. 이것을 **연성**이라고 해요.

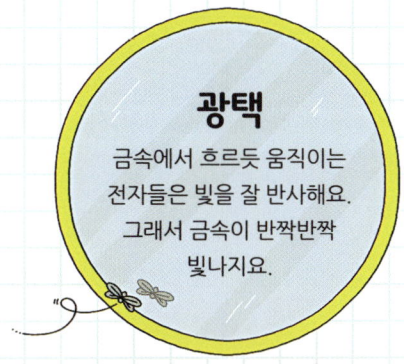

광택

금속에서 흐르듯 움직이는 전자들은 빛을 잘 반사해요. 그래서 금속이 반짝반짝 빛나지요.

전도

자유 전자들은 금속 곳곳에 에너지와 전하를 날라요. 그래서 열과 전기가 고루 흐를 수 있어요. 이것을 **전도**라고 해요.

대단한 합금

수천 년 동안, 사람들은 다양한 금속을 녹이고 섞어서 특정한 성질을 만들어 냈어요. 이런 금속 혼합물을 **합금**이라고 해요.

청동은 구리와 주석이라는 두 금속을 섞어서 만들어요. 잘 부식되지 않고 상태가 오래가서 어떤 날씨에도 바깥에 둘 수 있어요.

합금은 금속과 비금속을 섞어서 만들기도 해요. 강철은 철과 탄소를 섞은 거예요. 건물과 다리 등을 짓는 데 쓰여요.

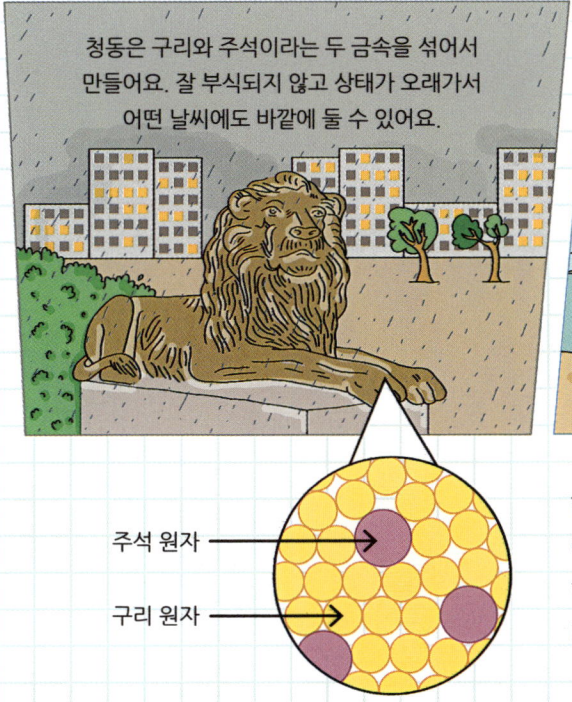

주석 원자

구리 원자

합금에 든 원자들은 크기가 다 달라서 이온들이 서로 미끄러지며 움직이기가 힘들어요. 그래서 순수 금속보다 합금이 더 튼튼하지요.

제4장
화학 반응

새로운 물질은 화학 **반응**으로 형성돼요.
시끄러운 소리가 나든, 거품이 일든,
느려지든, 조용해지든, 모든 반응은
원자들이 결합하거나 결합이 깨지면서 생기는 거예요.
그 결과는 놀랍고, 강렬하며,
때때로 아주 유용해요.

곳곳에 일어나는 반응

반응은 우리 주변에서 언제나 일어나고 있어요. 어떤 반응은 또렷이 보이지만, 우리가 알아차리지도 못하는 반응도 많아요. 반응이 일어나고 있다는 단서를 다음과 같은 현상에서 알 수 있어요.

빛과 열
물질이 탈 때, 공기에 있는 산소와 반응하여 열과 빛으로 에너지를 내보내요.

맛의 변화
과일이 익을수록, 과일 속 분자들은 더욱 단 물질로 분해돼요. 음식 맛이 상하는 것도 반응의 결과예요.

> 음, 딸기가 어제보다 더 달콤해졌어.

크기 변화
나뭇잎이 자라는 것은 잎 속에서 **광합성**이라는 반응이 일어난 덕분이에요. 광합성은 식물이 이산화 탄소와 물과 햇빛에서 얻은 에너지를 산소와 포도당으로 바꾸는 과정을 말해요. 식물은 성장할 때 포도당이 필요해요.

소리와 냄새
우리가 먹은 음식은 여러 반응을 잇달아 거치며 몸속에서 분해돼요. 때때로 냄새나는 가스가 몸 밖으로 나오기도 하지요.

색깔 변화
철은 물 또는 공기 중에 있는 산소와 천천히 반응해서 녹을 형성해요. 이렇게 붉게 녹슨 물질의 화학적 이름은 산화철이에요.

꾸루루룩 뿌우우웅

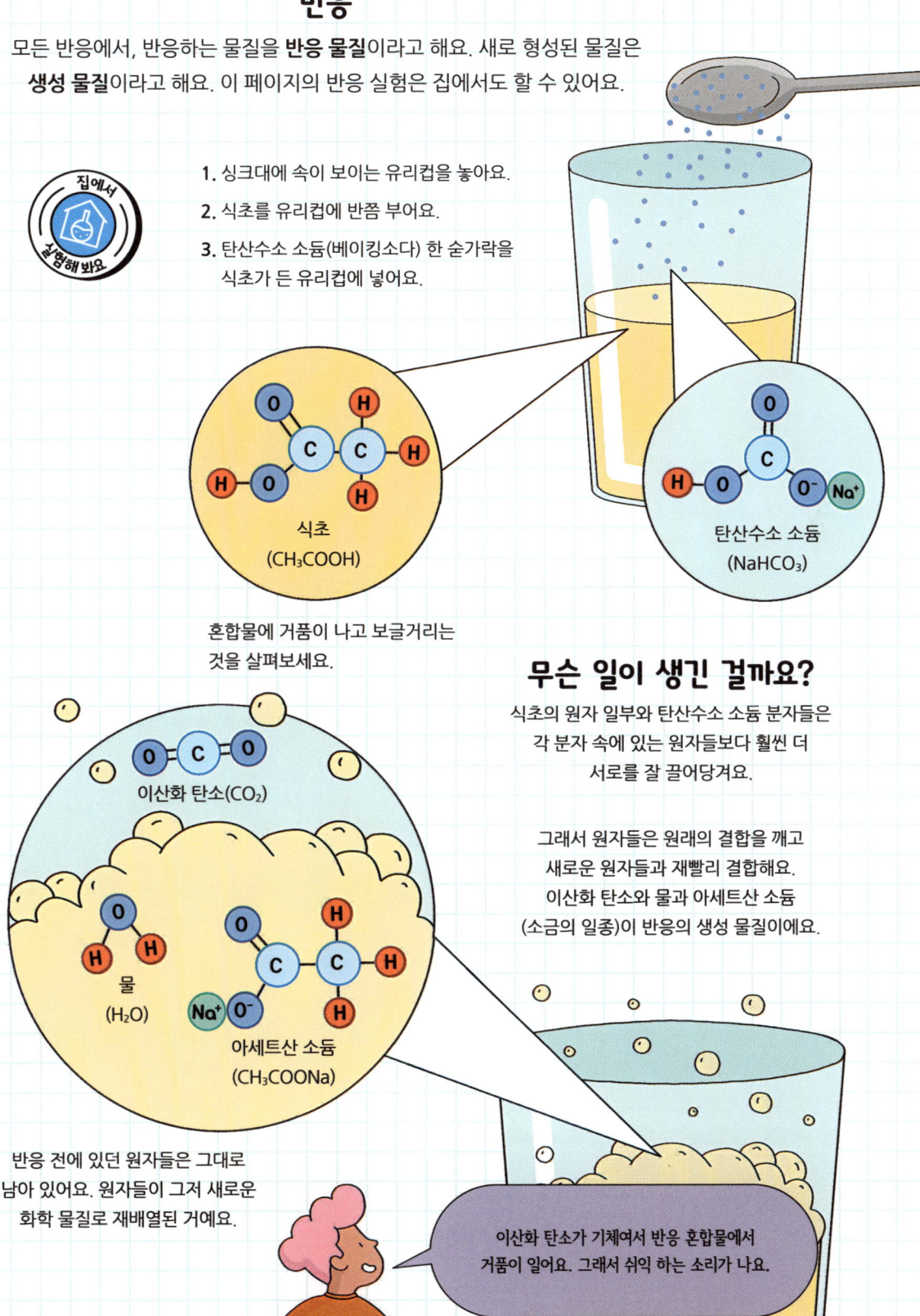

반응의 시작

반응은 그냥 일어나지 않아요. 에너지가 있어야 해요. 여러분이 전력 같은 에너지를 줄 수도 있어요. 하지만 어떤 때는 공기에서 얻는 열 등 주위에서 얻을 수 있는 것이라면 무엇이든 반응 물질이 덥석 낚아채기도 해요.

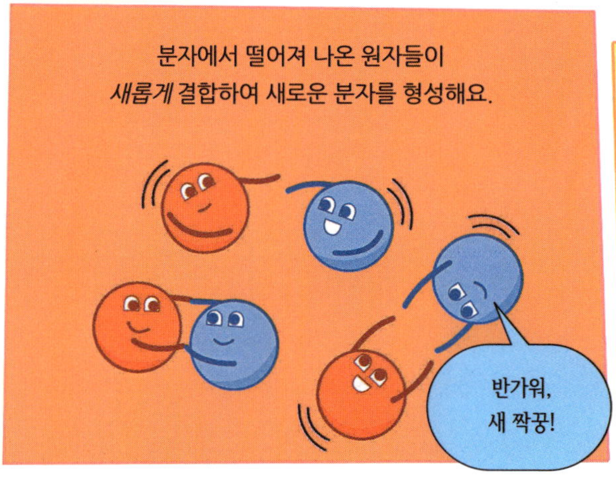

일부 반응은 실온에서 시작돼요.

포타슘(칼륨)

포타슘은 다른 에너지가 전혀 없어도 물에 반응하여 폭발을 일으켜요.

에너지가 많아야 시작되는 반응도 있어요.

탄산 구리

탄산 구리는 열이 있으면 공기 중의 산소와 반응해요.

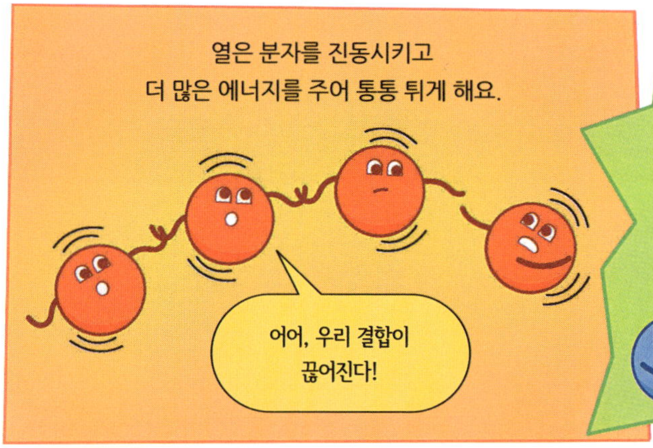

열은 분자를 진동시키고 더 많은 에너지를 주어 통통 튀게 해요.

어, 우리 결합이 끊어진다!

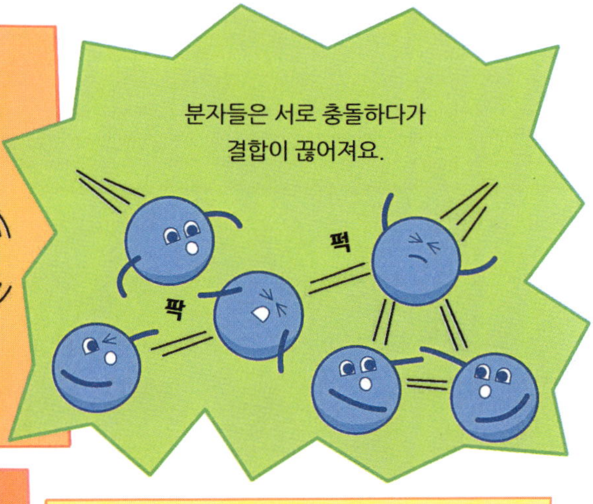

분자들은 서로 충돌하다가 결합이 끊어져요.

팍 퍽

분자에서 떨어져 나온 원자들이 새롭게 결합하여 새로운 분자를 형성해요.

반가워, 새 짝꿍!

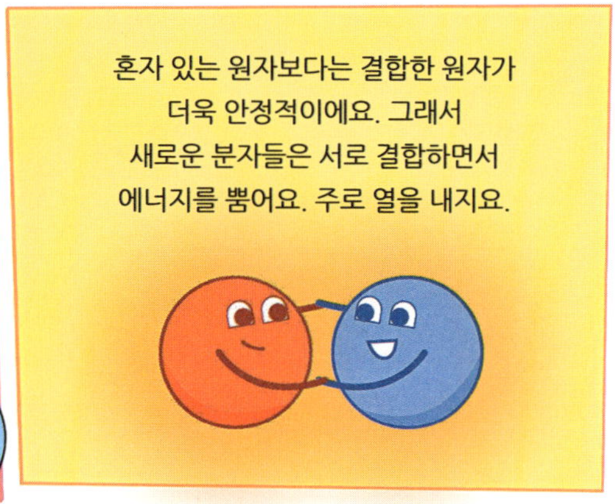

혼자 있는 원자보다는 결합한 원자가 더욱 안정적이에요. 그래서 새로운 분자들은 서로 결합하면서 에너지를 뿜어요. 주로 열을 내지요.

원하는 물질 얻기

화학자들은 반응이 더 잘 일어나게 하려고 애써요.
그렇게 하면 원하는 생성 물질을 더 많이 얻을 수 있지요.
화학자들은 다음과 같은 방법들로 반응을 조절해요.

온도를 변화시켜서 반응 속도를 높이거나 낮출 수 있어요.

촉매제라는 물질을 추가로 넣으면 반응이 더 빨리 일어나요. 촉매제가 어떻게 작용하는지는 60쪽에서 더 알아봐요.

이것을 어디에 쓰면 좋을지 꼭 알아낼 거예요!

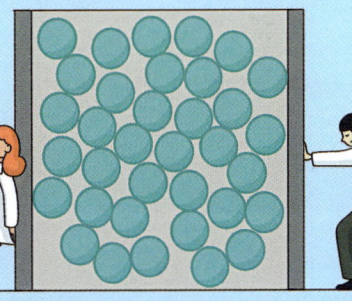

압력을 높이면, 분자들이 더 가까이 붙어서 서로 자주 충돌하게 돼요. 그러면 반응 속도가 빨라지지요.

화학자들은 한 가지 반응에서 나온 생성 물질 가운데 *하나*만 필요할 때가 있어요. 그러면 나머지 생성 물질이 버려지지 않도록 쓸모를 찾아야 해요. 또는, 처음부터 다른 생성 물질이 나오지 않는 반응을 고르기도 해요.

각 반응 물질의 양을 균형을 맞춰 사용하면 물질이 남는 걸 방지할 수 있어요.

반응 물질이 너무 많으면, 그중 일부는 반응하지 않고 그대로 남을 수 있어요.

우리는 반응 실험을 하기 전에 반응 물질을 정제해야 해요.

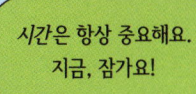

시간은 항상 중요해요. 지금, 잠가요!

반응 물질이 순수할수록 생성 물질의 질은 더욱 좋아질 거예요.

생성 물질은 때때로 계속해서 반응하여 또다시 새로운 생성 물질을 형성해요. 그래서 딱 맞는 시간에 제거해야 해요.

59

촉매제

반응 속도를 높일 수 있는 화학 물질을 상상해 보세요. 에너지를 덜 쓰면서도 계속해서 사용할 수 있는 물질을 말이에요. 이런 물질이 바로 **촉매제**예요. 촉매제는 고통스러울 만큼 느린 반응을 세계를 변화시킬 반응으로 바꿀 수도 있어요.

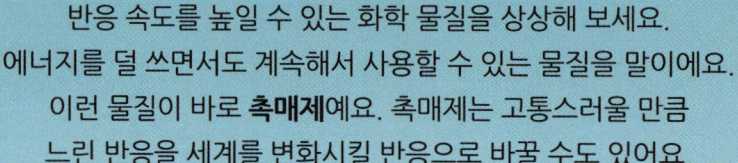

반응이 느리면 작업하기가 힘들어요. 마치 바위를 굴리며 언덕을 오르는 것 같죠.

이제 좀 낫네!

촉매제는 언덕 반대편으로 곧장 통하는 터널 같은 역할을 해요. 바위를 언덕 꼭대기까지 굴리기 위해 에너지를 더 쓸 필요가 없어요. 이제는 목적지까지 훨씬 더 빨리 도달할 수 있을 거예요.

화학으로 문제 해결

암모니아(NH_3)는 비료로 쓰이는 화합물이에요. 곡식을 잘 자라게 해서 더 많은 식량을 얻을 수 있도록 돕지요. 그런데 암모니아는 많이 확보하기가 *어려웠어요*.

수소(H_2)와 질소(N_2) 분자의 반응 속도가 매우 *게을렀기* 때문이에요.

우리는 반응할 수 없어. 에너지가 전혀 없다고.

아-함

1908년, 독일의 화학자가 이 문제를 해결할 촉매제를 찾아냈어요. 철(Fe)을 이용하면 더 적은 에너지로도 반응을 일으킬 수 있었어요.

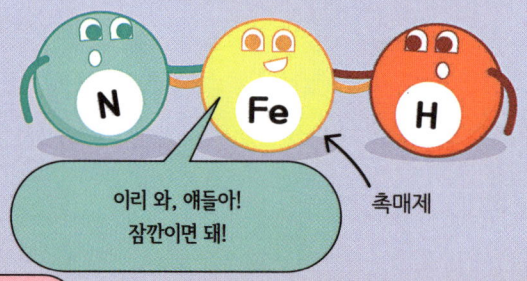

이리 와, 얘들아! 잠깐이면 돼!

촉매제

열과 높은 압력과 촉매제의 조합은 반응 속도를 놀랄 만큼 크게 높였어요. 이 반응으로 엄청 많은 암모니아를 굉장히 빨리 만들 수 있었지요.

정말 쉽네.

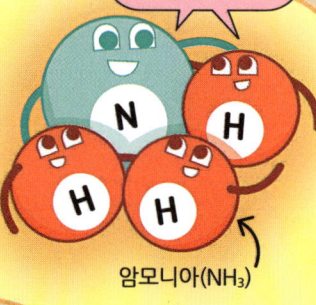

암모니아(NH_3)

게다가 나는 반응에 쓰이지 않았기 때문에, 촉매제 일을 계속할 수 있어요. 자, 다음 차례!

세상 바꾸기

친절한 철 촉매제 덕분에, 암모니아 비료를 이용해 수십억 명의 사람들이 먹을 식량을 생산하게 되었어요. 하지만 암모니아 비료는 너무 널리 쓰여서 농장 환경뿐만 아니라 세계 환경 자체를 화학적으로 바꿔 놓았어요.

"암모니아 비료라는 묘책은 세상을 엄청나게 바꿨어요."

"그러니까 농부들은 지난 백 년 동안 농작물에 암모니아를 뿌려 온 거예요?"

"그렇지, 하지만 효과가 좋았어! 우리 덕분에 굶주리는 사람은 거의 없게 되었으니까."

"하지만 그 대가는요? 철 촉매제만 해도 암모니아를 만들려면 에너지가 엄청나게 많이 필요하잖아요."

"게다가 많은 암모니아가 결국 곡식보다는 공기나 물에 섞여 들어서, 마시는 물이 오염되고, 야생 동물의 터전은 파괴되고, 비까지 산성으로 변하잖아요."

"음, 그러면 어떻게 해야 한다고 생각하니? 사람들이 먹을 곡식을 키우지 않을 수는 없어."

"수로로 들어가는 양을 줄일 수 있지 않을까요? 큰비가 내리기 전에는 들판에 비료를 뿌리지 않는 거예요. 그리고 과학자들이 식물 친화적인 비료를 더 개발해 주면 좋겠어요."

"해초로 만든 비료가 새로 나왔다는 글을 읽었어. 암모니아보다 독성이 덜하대. 그 비료로 실험해 보면 되겠다."

반응 표현하기

화학자들은 반응을 표현할 때 기호와 숫자를 이용해서 **방정식**으로 나타내요. 낯선 언어처럼 보이겠지만, 반응하는 동안 일어나는 원자들의 신비로운 움직임을 이해하기에는 가장 좋은 방법이에요.

오른쪽의 반응을 살펴봐요. 메테인가스(가정용 가스)가 공기 중의 산소와 반응하면 연소하여 이산화 탄소와 수증기와 열이 발생해요.

메테인 + 산소

오른쪽은 이 반응을 화학 기호를 써서 화학 방정식으로 나타냈어요. 똑같은 원자가 어떻게 재구성되어 새로운 분자로 형성되는지를 볼 수 있어요.

CH_4 + O_2

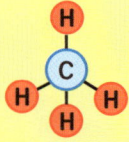

탄소(C) 원자 1개와 수소(H) 원자 4개로 이루어진 메테인 분자(CH_4)가…

…산소 원자 2개로 이루어진 산소 분자(O_2)와 반응했어요.

아주 *정확히* 쓰려면, 방정식 양쪽으로 원자 수가 똑같아야 해요. 반응 때문에 새로 생기거나 없어지는 원자는 없다는 사실을 꼭 기억해요.

CH_4 + ②O_2

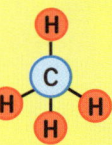

산소 분자 2개(2O_2)가 메테인 분자와 각각 결합해서, 산소 원자가 모두 4개예요.

실제 반응에서는 수십억 개의 분자들이 참여하게 돼요. 하지만 방정식에서는 가장 간단한 결합만 보여 줘요.

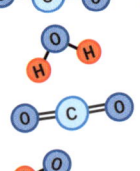
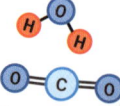

이산화 탄소 + 물

CO_2 + H_2O

탄소(C) 원자 1개는 산소(O) 원자 2개와 결합해서 이산화 탄소(CO_2) 분자가 돼요.

수소(H) 원자 2개가 산소(O) 원자 1개와 결합해서 물(H_2O) 분자가 돼요.

CO_2 + 2H_2O

이제 산소 원자들이 충분히 있어서 이산화 탄소(CO_2) 분자 1개와…

…물 분자 2개(2H_2O)가 형성돼요.

제5장
맛, 색, 향기, 재료

우리가 먹는 음식부터 우리가 보는 색깔까지, 주위 환경에서 경험하는 모든 것은 화학으로 구성되어 있어요.

이번에는 여러 물질의 맛, 향기, 색과 재료를 더 좋게 만들기 위해 애쓰는 화학자들의 다양한 업적에 대해 알아볼 거예요. 이러한 업적 중에는 **합성**도 있어요. 합성은 단순한 물질들이 일으키는 반응에서 *새로운* 화합물을 만들어 내는 과정을 말해요.

부엌이 바로 내 실험실이에요!

맛 이야기

음식에서 맛을 내는 화합물은 수백만 가지가 있어요.
다양한 맛을 식별하는 일부터 맛을 더 좋게 만드는 일까지,
요리의 또 다른 이름은 바로…

…화학이에요!
그래서 엄마가 만든 카레가
다른 사람이 만든 카레보다도
더 맛있나 봐요.

고맙구나, 제이. 네 외할머니의
레시피대로 만들었어.
더 낫게 바꾼 건 없지만, 엄마는
화학자로서 왜 카레가 맛있게
되었는지 설명해 줄 수는 있어!

향신료를 살짝 볶으면 맛과
향을 내는 향미 화합물이 빠져나와
요리 전체에 배어들어요.

양파를 볶으면
아미노산이라는 화합물이
당과 반응해서 달달한 맛을 내요.

향미 화합물은 순식간에
증발해요. 그래서 마른
허브보다 신선한 허브를
사용하는 것이 더 좋은
향과 맛을 내요.

시금치에 든 향미 화합물은
물보다 기름에 더 쉽게 용해돼요.
그래서 향미를 유지하려면
시금치를 바로 볶기보다는 먼저
끓는 물에 데치는 게 좋아요.

맛과 향 실험실

우리는 음식을 먹으면서 혀와 코를 사용해 맛과 냄새가 혼합된 풍미를 느껴요.

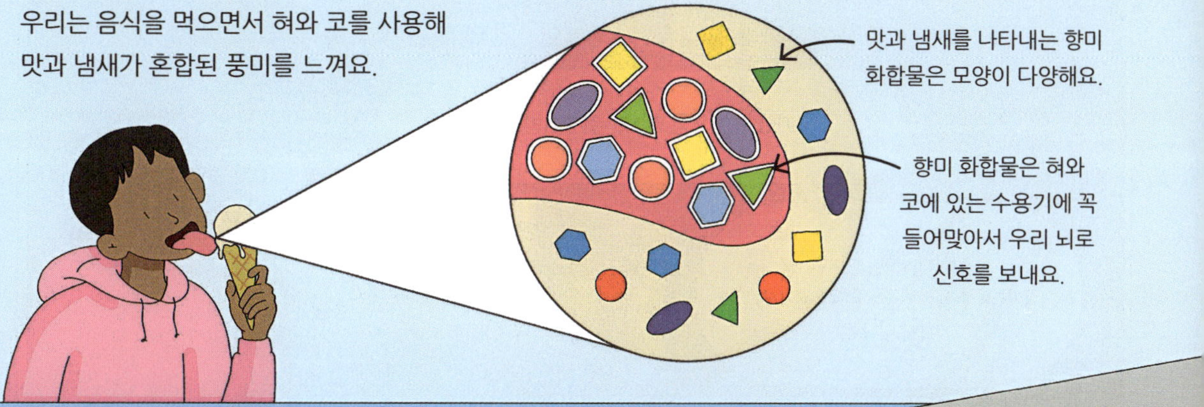

맛과 냄새를 나타내는 향미 화합물은 모양이 다양해요.

향미 화합물은 혀와 코에 있는 수용기에 꼭 들어맞아서 우리 뇌로 신호를 보내요.

화학자들은 혀보다 훨씬 더 큼직한 장비를 사용해요.

고흡수성 분말로 뒤덮인 바늘이 향미 화합물을 수집해요.

바늘은 **질량 분석기**라는 기계와 연결되어 있어요. 질량 분석기는 자석으로 화합물들을 분리하여 어떤 물질들이 들었는지 확인해요.

새로운 향미료를 만드는 것은 물감 색을 섞는 것과 좀 비슷해요.
향미료 화학자는 다양한 음식 추출물, 합성 화합물, 기름, 식물 진액(에센스)을 서로 섞거나 덜어서 좋은 결과물을 만들어 내요.

새로 만든 맛을 맛볼 용감한 사람?

좋았어!

이런.

킁킁 킁킁

고기 없이 고기 맛 나는 패티

달콤한 양말 향 젤리 맛있는 구린내!

블루치즈와 초콜릿 디핑 소스 봉지부터 완벽한 맛!

다채로운 세계

무엇이 주황색을 주황색으로 만들까요? 바로 **색소**라는 화학 물질이에요. 색소는 빛을 흡수한 뒤 반사해서 세상을 온갖 빛깔로 물들여요. 방식은 다음과 같아요.

1. 햇빛은 무지갯빛으로 이루어져 있어요. 이 빛이 모두 섞여서 흰색으로 보여요.

2. 오렌지 껍질에 있는 색소들은 햇빛의 색깔을 대부분 흡수하지만 주황색은 반사해요. 그래서 우리 눈에 주황색으로 보이는 거예요.

3. 색소는 색을 나타내는 효과만 있는 게 아니에요. 껍질 속에 든 주황색 색소는 빛과 열을 흡수해서 과일을 보호하는 역할도 해요.

식물은 엽록소라는 초록색 색소 때문에 녹색으로 보여요. 엽록소는 식물이 빛을 흡수하도록 돕지만 초록색 부분은 반사해요.

색깔 만들기

색소는 식물에서만 발견되는 건 아니에요. 화학자들이 다음과 같은 다양한 색깔 재료로 여러 가지 물감, 잉크, 염료를 만들어요.

황토 같은 암석

연지벌레 같은 곤충

탄소 재

프탈로 그린을 비롯한 일부 색소는 자연에서 곧바로 추출하지 않아요. 화학자들이 실험실에서 합성해서 개발한 색소예요. 이런 색을 **합성 색소**라고 불러요.

색상이 또렷하고, 오래가고, 값이 싸고, 인간이나 환경에 유독하지 않은 색소가 가장 좋아요.

진짜 파란색을 찾아서

하늘부터 바다까지, 파란색은 어디에나 있는 것 같아요. 하지만 파란색은 자연에서 만들어 내기 가장 어려운 색에 속해요. 이런 이유로, 오래전부터 사람들은 아름다운 파랑 색소를 찾아 헤맸어요.

파란색 나뭇잎은 존재하지 않다시피 해요.

파란색 빛은 다른 색을 띤 빛보다 에너지가 더 많아요. 그래서 대체로 식물은 파란색 잎이 없어요. 파란색을 반사하지 않고 흡수하고 싶어 하거든요.

많은 동물이 자신이 먹은 것에서 색소를 얻어요. 파란색 식물이 거의 없으니, 동물 대부분도 파랑 색소를 만들어 낼 수 없지요.

근데 넌 왜 파란색이니?

빛 때문에 그래! 내 깃털은 검은색인데 깃털 표면의 미세 구조 때문에 빛이 휘어서 파란색 부분만 반사되거든.

청금석과 같은 푸른 암석은 귀해요.

라피스 라줄리라고도 하는 청금석은 파랑 색소를 만드는 데 쓰여요. 내가 그려진 1665년에는 라피스 라줄리가 금보다도 더 귀하게 여겨졌어요.

이집션 블루는 아마 최초의 합성 파랑 색소일 거예요. 약 5,000년 전에 라피스 라줄리보다 값싼 대용품으로 개발된 색이에요.

새로운 합성 파랑 색소는 1700년대가 되어서야 독일 실험실에서 발견되었어요. 빨강 색소가 우연히 독성 있는 기름에 오염되는 바람에 프러시안 블루가 탄생했지요.

하지만 세월이 흐르는 동안 이집션 블루를 만드는 방법은 잊혀 버렸어요. 과학자들은 최근에야 이 색소가 구리와 칼슘과 규소로 만들어졌다는 사실을 발견했어요.

사람들은 프러시안 블루에 열광했어요. 이 색은 예술 작품, 우표, 군복을 비롯해 마시는 차 색깔을 물들이는 데에도 쓰였어요.

200년 후에 처음 생긴 파란색인 인민 블루도 2009년에 어느 대학 실험실에서 우연히 발견되었어요.

인민 블루는 Y(이트륨), In(인듐), Mn(망간), 이렇게 세 원소로 만들어져서 붙은 이름이에요.

화학자는 신선한 재료에서 향기 화합물을 추출하거나, 화학 반응으로 화합물들을 합성해요.

레몬 껍질을 으깨면 향긋한 오일이 나와요.

지오스민은 페트리코를 일으키는 성분이에요. 화학자들은 미생물 대신 합성 화합물로 지오스민을 만들어요.

인동덩굴꽃은 무척 섬세해서, 화학자들은 꽃 주변 공기에서 향기 화합물을 채취해 실험실에서 합성물로 재현해요.

전통적으로 오크모스 향은 알코올에 오크모스를 담가서 향을 추출했어요. 지금은 베라모스라는 합성 화합물로 만들어서 값이 더 저렴해요.

킁킁킁

완성된 향수를 뿌리고 나면, 여러분의 코는 이런 화학 물질들의 혼합체를 경험할 거예요.

레몬 향과 꽃향기로 시작해서, 따뜻한 흙냄새가 느껴질 거예요.

베라모스 리모넨 암브록산

향수에 쓰이는 액체는 주로 에탄올이라는 알코올 종류예요. 향기 분자를 잘 녹이고 쉽게 증발시켜요.

킁킁킁

짠, 메틸 2, 4-디히드록시-3, 6-디메틸벤조에이트의 향기가 느껴지나요? 바로 베라모스 향이에요.

킁킁킁

뭔지는 몰라도, 향기는 정말 좋아요!

71

중요한 재료

재료는 뭔가를 만드는 데 쓰이는 물질을 일컫는 단어예요. 단단하거나 부드럽거나, 끈적거리거나 반짝거리는 등 재료의 성질은 재료 속 원자들이 배열된 방식에 따라 달라요. 화학자와 **재료 과학자**들은 이런 입자들을 새로운 방식으로 결합해서, 재료가 활용될 수 있는 범위를 넓히고 있어요.

공기처럼 가벼운 고체

에어로젤이라는 몹시 가벼운 고체를 만들기 위해서, 과학자들은 **젤**부터 손을 대요. 젤은 고체 입자 속에 액체 입자가 든 구조인데, 액체 부분을 기체로 바꾸면 에어로젤이 돼요.

기체

고체 입자

에어로젤은 자기 무게의 2,000배에 달하는 무게도 지탱할 수 있어요. 그런데도 무척 가벼워서 보드라운 꽃잎 위에서 균형을 잡을 수 있지요.

굉장해요! 꽃잎이 휘지도 않았어요!

에어로젤은 어디에 쓰일까요?

공기는 열전도율이 낮아요. 그래서 에어로젤은 극한의 더위와 추위로부터 우리 몸과 건물을 보호하는 데 쓰여요.

에어로젤은 작은 구멍이 가득해요. 그래서 입자들이 에어로젤로 들어와 박힐 수 있어요. 에어로젤은 우주 탐사에 활용되어 태양계 너머에서 오는 우주 먼지를 채집하는 데 쓰여요.

어떤 에어로젤은 물을 밀어내고 기름은 흡수해요. 바다에 기름이 유출되면, 기름을 흡수해 바다를 깨끗이 하는 데 쓰일 수 있어요.

독특한 전도체

고분자 물질은 전기를 쉽게 전달하지 않는 재료예요. 하지만 과학자들은 탄소 원자가 아주 얇게 층을 이룬 작은 튜브, 즉 **탄소 나노 튜브**를 첨가해서 고분자 물질이 전기를 전달할 수 있도록 개발했어요.

전도성 고분자 필름이 터치스크린에 쓰여요. 우리가 스크린을 만지면 전기량에 변화가 생겨요. 터치스크린은 이 변화를 감지하여 작동하지요.

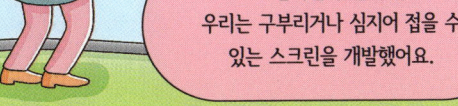

고분자는 유연해서, 우리는 구부리거나 심지어 접을 수 있는 스크린을 개발했어요.

모양을 기억하는 재료

치아 교정기처럼, 일부 금속 재료는 자신의 모양을 '기억'할 수 있어요. 이런 재료를 형상 기억 합금이라고 해요. 형상 기억 합금은 구부리고 비튼 뒤에도 열을 가하면 원래 모양으로 돌아가요.

제 치아 교정기도 형상 기억 합금으로 만든 거지요?

맞아. 먼저 아치 모양의 철사를 네 치아 형태에 맞게 구부렸어.

입속에서 체온의 열을 받으면 철사는 원래의 아치 모양으로 천천히 돌아갈 거야. 그때 네 이도 가지런하게 교정되는 거지.

초강력 금속

금속 대부분은 결정들이 사방으로 수없이 연결된 구조로 형성되어 있어요. 결정들이 서로 미끄러지며 움직이는 특성 때문에, 금속은 고온에서 약해질 수 있어요.

이 특성은 비행기 엔진을 만들 때 문제가 되었어요. 엔진이 1분에 수천 번씩 돌아가며 1,500도가 넘는 온도를 견뎌야 하거든요.

그래서 우리는 초내열 니켈 합금을 개발했어요. 단 하나의 결정으로 이루어진 합금으로 터빈 날개를 만드는 거예요.

다른 결정 때문에 서로 미끄러질 일이 없으니, 대단히 단단한 구조를 갖춘 셈이지요.

73

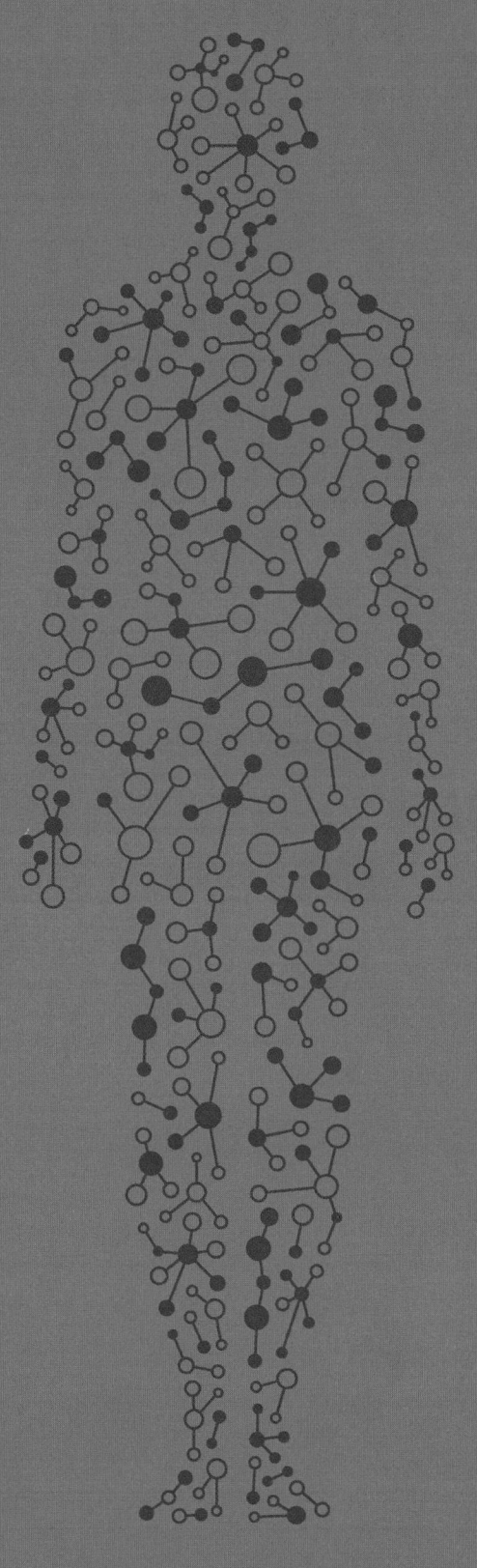

제6장
우리 몸

날마다 우리 몸속에서는 수백만 가지의 다양한 화학 반응이
1분 1초도 쉬지 않고 일어나요. 이런 화학 반응이
우리를 계속 살아 있게 하지요.

생화학자는 인간의 몸과 다른 생명체에서 어떤 일이 일어나는지
이해하기 위해서 이러한 반응을 연구해요. 그렇게 얻은
지식으로 병을 진단하고, 다친 부분을 고치고, 새로운 약을
개발하면서 우리가 건강하게 살아가도록 돕지요.

우리 몸에서 일어나는 화학 반응 대부분은 **세포** 속에서 일어나요. 세포는 생명체의 기본 구성단위예요. 각각의 세포는 함께 작용하는 수많은 다른 분자로 이루어져 있어요.

우리 몸은 특별한 실험실이에요

우리 몸은 우주에 있는 모든 것과 마찬가지로 원자로 구성되어 있어요. 이 원자들이 끊임없이 반응하고 변화하는 복잡한 분자들을 엄청나게 형성해요. 우리 몸을 실험실로 채워진 거대한 과학관으로 본다면, 각 실험실에서는 다양한 분자들을 끊임없이 만들고 있는 거예요.

호흡 연구실

산소 포도당

우리를 살아 있게 하는 가장 중요한 반응은 바로 **호흡**이에요. 호흡은 산소가 포도당과 반응하여 세포가 사용할 수 있는 형태로 에너지를 만들어 내보내는 거예요.

활동 성장

이 에너지는 우리가 활동하고 성장하게 해 주는 반응을 포함해 여러 반응을 할 힘을 주어요.

소화 연구실

음식 분자

우리 몸은 음식 분자의 길고 복잡한 사슬에서 유용한 화학 물질을 얻어 내기 위해 음식 분자를 더 작은 부분으로 분해해요. 이때 차례차례 일어나는 화학 반응을 **소화**라고 해요.

촉매제 연구실

우리 몸은 화학 반응 속도를 높이는 촉매제를 스스로 만들어요. 이것이 바로 **효소**예요.

효소는 저마다 특정한 형태를 띠며, 형태가 꼭 맞는 분자와 모양을 맞춰 분자들이 결합하거나 결합을 깨는 것을 도와요.

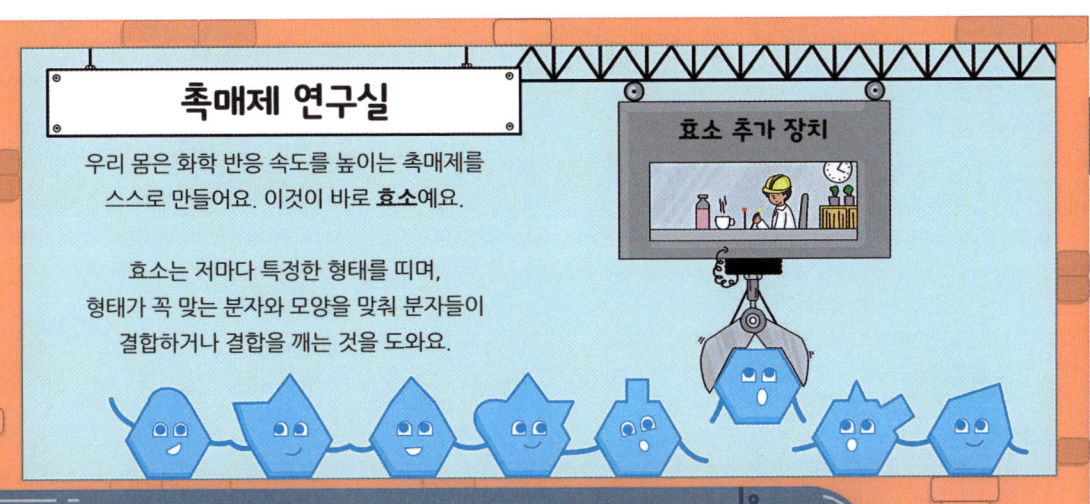

단백질 생산실

우리 몸은 **단백질**이라는 커다랗고 복잡한 화합물을 계속해서 만들고 있어요. 단백질은 뇌에서 보내는 신호를 몸 곳곳으로 전하는 일부터 세포 안팎으로 다른 분자들 나르기, 근육과 피부와 머리카락과 장기 이루기까지 다양한 일을 해요.

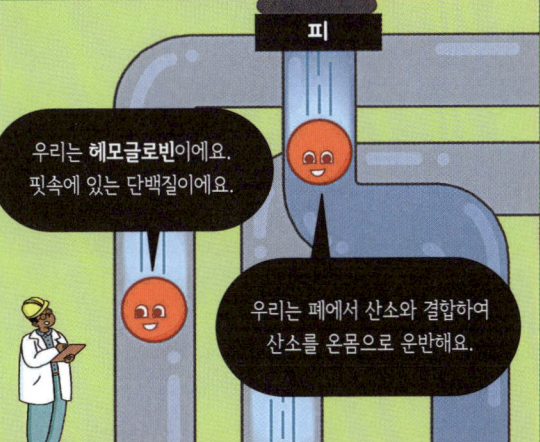

우리는 **헤모글로빈**이에요. 핏속에 있는 단백질이에요.

우리는 폐에서 산소와 결합하여 산소를 온몸으로 운반해요.

쓰레기 처리실

우리 몸에서 일어나는 화학 반응은 쓰레기를 많이 만들어요. 이런 노폐물은 몸 밖으로 버려야 해요.

우리 몸은 쓸모없는 화학 물질을 없애려고 신장에서 피를 걸러 내요. 걸러진 물질들은 소변에 섞여 우리 몸 밖으로 나오지요.

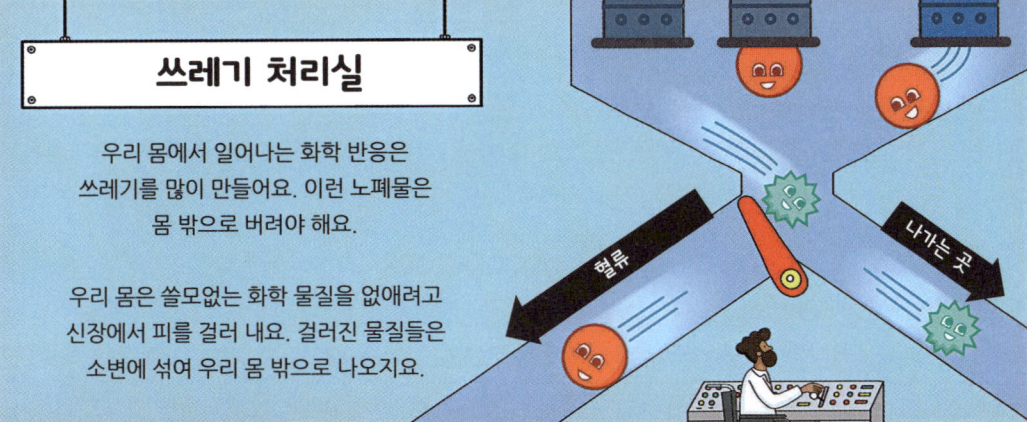

때때로 화학 반응 처리가 원활하지 않으면 우리는 아프게 돼요. 몸속에 무슨 문제가 생겼는지 쉽게 알기 어렵지만, 화학자들에게는 원인을 파악할 기발한 묘책이 많이 있답니다.

원인이 뭘까요?

몸 상태가 나쁠 때, 의사는 무엇이 잘못됐는지 알아내려고 몇 가지 검사를 할 거예요.
의사가 사용하는 도구들은 우리 몸에서 화학적 단서를 찾는 역할을 해요.

피 검사

우리 몸에 있는 세포와 화학 물질과 단백질을 측정하고 살펴보기 위해 피 검사를 해요.

간단한 피 검사로 밀도를 측정해서 적혈구에 헤모글로빈이 충분히 있는지 살펴봐요.

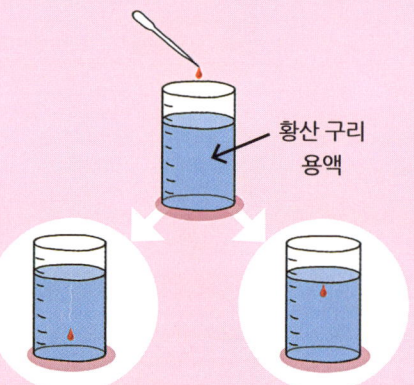

황산 구리 용액

피 한 방울에 헤모글로빈이 충분하면 용액보다 밀도가 높아서 핏방울은 빠르게 가라앉아요.

만약 밀도가 낮으면 핏방울은 위로 떠올라요. 환자는 아마 빈혈 증상이 있을 거예요.

소변 검사

소변 검사로는 몸속에서 어떤 화학 물질을 내보냈는지 알 수 있어요.

소변 검사에서는 포도당을 확인해요. 먼저, 화학 물질을 입힌 소변검사지를 소변에 담가요.

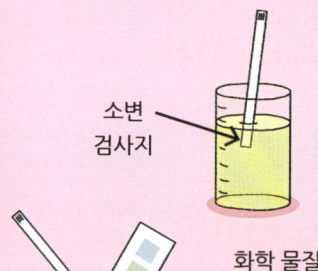

소변 검사지

화학 물질이 반응하여 소변에 든 것에 따라 색깔이 바뀌어요. 색이 어두울수록 소변에 포도당이 많이 있는 거예요.

포도당이 너무 많으면 당뇨병의 징조일 수 있어요. 당뇨병은 피에 든 포도당의 양이 알맞게 제어되지 않는 병이에요.

호흡 검사

호흡 검사는 우리가 내쉰 공기에서 특정 화학 물질을 확인하는 검사예요. 만약 수소가 많이 발견되면 소화 기관이 제대로 작동하지 않는다는 뜻이에요. 과학자들은 미래에 암과 같은 질병의 징후를 나타내는 더욱 복잡한 화학 혼합물을 찾을 수 있는 검사를 개발하고 싶어 해요.

대부분의 병원에는 실험실이 있어요. 많은 과학자가 다양한 검사를 해서, 의사가 병의 원인을 빨리 찾도록 도와요. 혈액 세포를 세는 기계와 피에 든 화학 물질의 수치를 측정하는 장비 등을 이용하지요.

때로는 화학적 단서를 찾지 않아도 아픈 원인을 알 수 있어요.

우리 몸에 어떤 문제가 발생하든, 이를 바로잡으려면 수많은 화학적 지식과 방법이 필요해요.
수술할 때 화학이 쓰이는 경우 몇 가지를 간단하게 소개할게요.

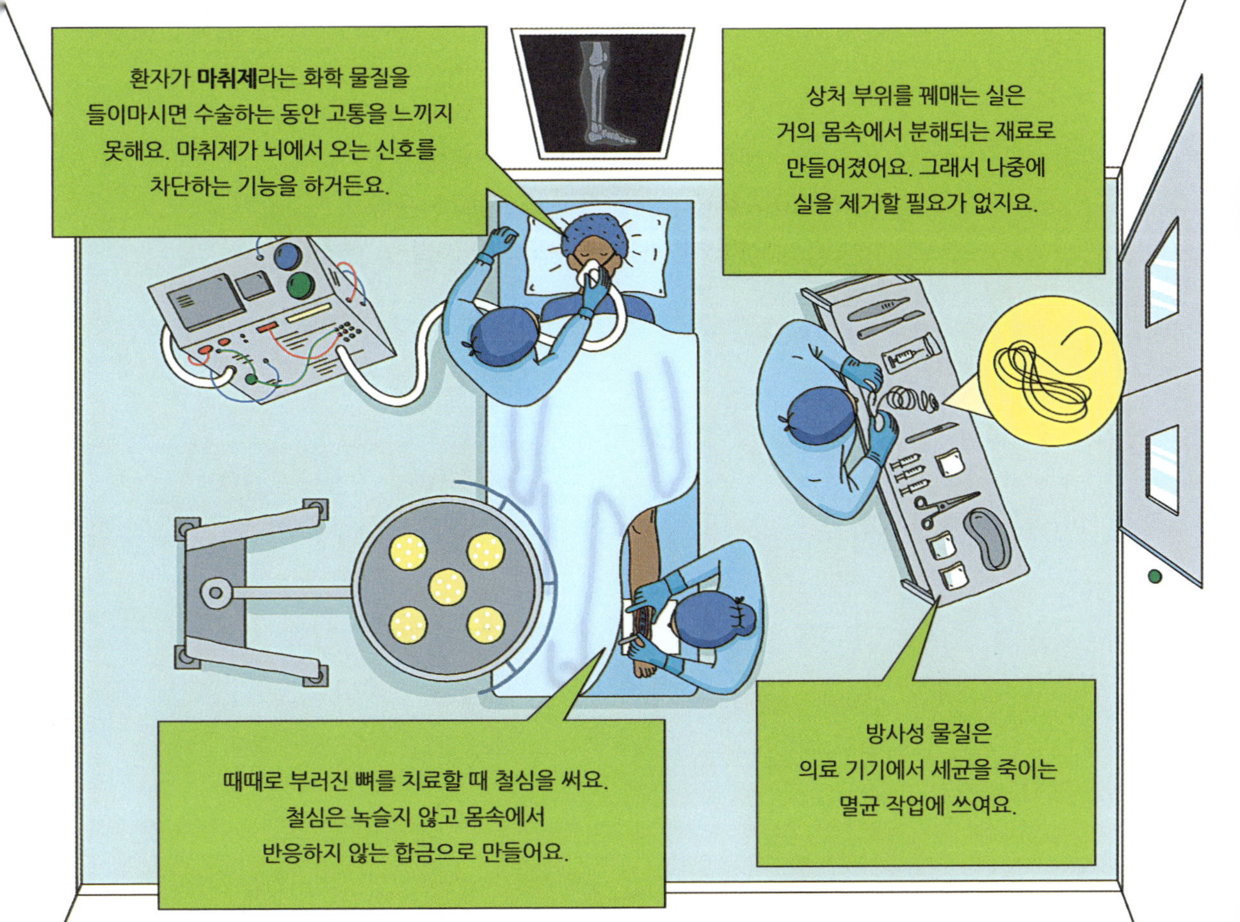

환자가 **마취제**라는 화학 물질을 들이마시면 수술하는 동안 고통을 느끼지 못해요. 마취제가 뇌에서 오는 신호를 차단하는 기능을 하거든요.

상처 부위를 꿰매는 실은 거의 몸속에서 분해되는 재료로 만들어졌어요. 그래서 나중에 실을 제거할 필요가 없지요.

때때로 부러진 뼈를 치료할 때 철심을 써요. 철심은 녹슬지 않고 몸속에서 반응하지 않는 합금으로 만들어요.

방사성 물질은 의료 기기에서 세균을 죽이는 멸균 작업에 쓰여요.

간단한 피 검사부터 복잡한 수술에 이르기까지, 화학은 거의 모든 의학 분야에 보탬이 돼요.
그중에서도 가장 중요하게 기여하는 부분은 화학으로 약을 만든다는 점이에요.
다음 페이지에서 더 알아봐요.

약 만들기

약 대부분은 약간의 탄소 화합물로 이루어져 있어요. 약을 찾아내고 만들어 내는 과학자를 **의약 화학자**라고 해요. 아래 화살표를 따라서 두 가지 접근 방법을 알아봐요.

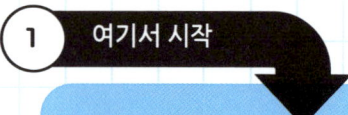
① 여기서 시작

화합물 찾기
약에 든 많은 화합물은 자연에서 찾을 수 있어요. 식물과 동물과 곤충, 심지어 흙 속에서도 발견돼요.

> 약이 될 가능성이 있는 물질들이 바닷속에서 계속 발견되고 있어요. 해면, 산호, 바다 민달팽이에는 흥미로운 화합물이 들어 있어요.

유용할까?
이 단계를 지나면 화합물을 정제하고, 박테리아나 바이러스나 인간 세포에 어떻게 작용하는지 테스트해요.

그렇다

쉽게 구할 수 있을까?

아니다 / **그렇다**

아니다 — 쓰레기통에 버리기

실험실에서 만들어 보기
화학자들은 구하기 어려운 화합물을 좀 더 구하기 쉬운 물질로 만들 방법을 찾아야 해요.

> 항암제 성분인 택솔은 주목나무 껍질에서 얻어요. 하지만 나무 한 그루에서 얻을 수 있는 양이 아주 적고 주목나무도 흔치 않아요.

> 택솔을 얻을 수 있는 보다 흔한 나무들도 있지만 공급이 제한되기는 마찬가지예요. 우리는 나무 없이도 서로 반응해서 택솔을 만드는 화학 물질들을 계속 찾고 있어요.

2 또는 여기서 시작

문제점 확인하기

오늘날, 화학자들은 종종 약 만드는 방식에 반대로 접근해요. 병과 관련 있는 화합물(주로 단백질 또는 효소)부터 확인하는 거예요.

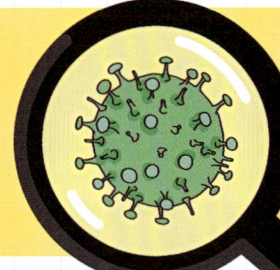

화합물 겨냥하기

새로운 기술 덕분에, 화학자들은 이제 겨냥하는 화합물의 형태를 그려 볼 수 있어요. 그래서 겨냥하는 화합물에 정확히 꼭 들어맞아 그 화합물을 어떤 식으로든 변화시킬 새로운 화합물을 설계할 수 있지요.

> 전통적으로 새로운 약을 찾는 일에는 많은 시행착오가 따랐어요. 수많은 자물쇠에 각각 짝이 되는 열쇠를 찾으려고 하나하나 꽂아 보는 셈이었지요.

> 하지만 오늘날 우리는 자물쇠에 관해 꽤 많이 알아낸 덕에 완벽한 열쇠를 설계할 수 있답니다!

안전할까?

새로운 약을 테스트하는 것을 **임상 시험**이라고 해요. 연구원은 건강한 자원자에게 새로운 약을 조금만 줘요. 이런 방식으로, 먹어도 안전한 양을 파악하고, 약이 몸속에서 실제로 어떤 역할을 하는지를 알아낼 수 있어요.

→ **그렇다**

효과가 있을까?

이번에는 이 약이 겨냥하는 병을 앓는 사람에게 직접 시험해서 효과가 있는지 살펴봐요.

아니다 **아니다**

→ **그렇다**

쓰레기통에 버리기

대부분의 '약이 될 뻔했던 것'들은 여기에 도착해요. 임상 시험에서 90퍼센트가 실패한답니다.

새로운 약 탄생!

이 단계에 이르기까지 길고 까다로운 과정을 거쳐요. 환자에게 새로운 약을 주기까지 몇 년이 걸리기도 해요. 하지만 인간의 목숨을 구하고 병을 치료할 수 있다는 희망으로 노력한다면, 큰 보람을 얻을 수 있지요.

81

특별 배송

이렇게 놀라운 약을 새로 만들었어요. 이어서 할 일은 무엇일까요?
마지막 관문은 그 약이 필요한 곳에 정확히 전달하는 일이지요.
말이 쉽지, 미로와 같은 인체 구조를 생각하면 어려운 일이랍니다.

두통이 생기면, 뇌를 겨냥하는 약을 먹어야 해요.
하지만 약이 뇌까지 가는 길은 너무 멀어요.

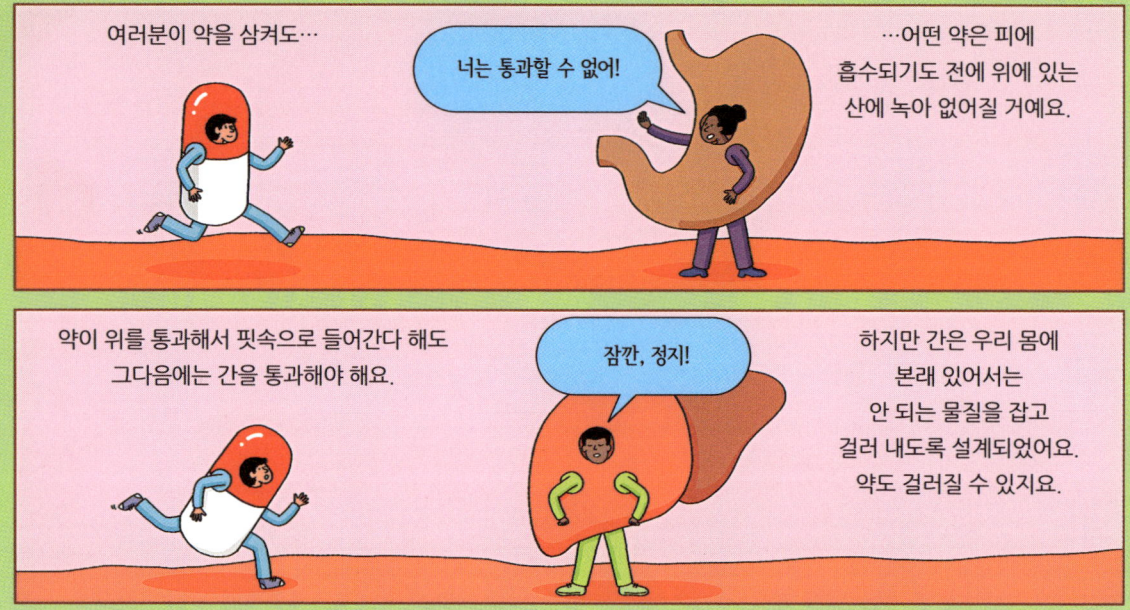

종종 약의 1퍼센트만 겨우 목표 지점에 도달하지만, 효과는 그것으로 충분해요. 문제는 나머지 99퍼센트가 원하지 않는 부작용을 일으킬 수 있다는 점이에요. 특히 항암제가 이런 특성을 보여요. 때로 항암제는 암세포만이 아니라 건강한 세포까지도 모두 죽여 버려요.

*1나노미터는 1밀리미터의 100만분의 1이에요. 이 책장의 두께는 약 10만 나노미터예요.

실용적인 나노 입자

연구자들은 생명을 구할 약을 온몸으로 운반할 여러 가지 나노 입자 용기를 설계하고 연구하고 있어요.

고분자

고분자로 만든 나노 입자는 몸속에 들어가면 위산으로부터 약을 보호하고, 약이 며칠에 걸쳐 천천히 빠져나오게 해 줘요.

풀러렌

탄소 분자로 구성된 풀러렌 나노 입자는 둥근 새장처럼 생겨서 빈 공간에 약물을 보관해요. 세포를 둘러싼 장벽 안으로 약물을 집어넣을 수 있어요.

메소포어

메소포어에는 약을 채울 수 있는 구멍들이 있어요. 약을 또 다른 분자로 봉인해서 우리 몸의 목적지에 다다르면 약이 터져 나오도록 설계되었어요.

리포솜

지방 분자

단백질

리포솜은 주머니가 있는 지방 분자들이 이중으로 층을 이룬 모양이에요. 안에 약을 넣을 수 있지요. 항암제가 표적을 잘 찾아가도록 돕기 위해, 암세포에 달라붙을 표면에 단백질을 붙일 수도 있어요.

사실 나노 입자들은 의약품 외에도 깨끗한 상태를 유지하는 자정 유리창, 투명한 햇빛 차단 필름, 얼룩 방지 직물 등으로 다양하게 활용될 수 있어요.

제7장
안전한 세상을 위해

우리가 먹는 음식은 안전한가요? 수돗물은 마시기에 안전한가요?
샴푸에 든 화학 물질은 몸에 해로울까요?
이런 문제를 깊이 생각하지 않는다면, 아마 다 괜찮다고 대답할 거예요.
여러분은 운 좋게도 화학자들이 위험을 예방하려고 열심히 일하는
세상에 살고 있으니, 걱정하지 않아도 돼요.

음식이 상했다는 사실을 알 수 있는 똑똑한 포장재 디자인부터,
범죄 현장에서 용의자의 흔적을 추적할 때도 쓰이는
화학은 우리를 안전하게 지켜 주는 강력한 도구예요.

이름이 이상하게 들리는
화학 물질이 많이 들어 있는데.
이거 안전한 걸까?

안전한 음식

과학자들은 우리가 구매하는 음식이 먹기에 안전한지 확인하기 위해 보이지 않는 곳에서도 애쓰고 있어요. 화학과 생물학을 활용하여 독성 화학 물질이 생명체에 얼마나 영향을 끼치는지 연구하는 학문을 **독성학**이라고 해요.

우리 주변의 주요 독성 물질들은 다음과 같아요.

천연 독소
천연 독소들은 자연적으로 생겨난 화학 물질이어서 적은 양이라면 대개 해롭지 않아요.

수배 중: 렉틴
콩과 렌틸콩에서 많이 발견됨

불에 완전히 익혀서 제거하세요.

박테리아와 균류
제대로 보관되지 않은 음식에서 자란 박테리아나 균류는 우리를 아프게 하는 화학 물질을 생산할 수 있어요

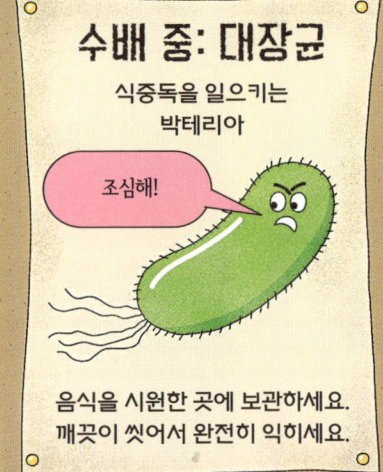

수배 중: 대장균
식중독을 일으키는 박테리아
조심해!

음식을 시원한 곳에 보관하세요. 깨끗이 씻어서 완전히 익히세요.

살충제
벌레를 죽이려고 농작물에 뿌린 살충제는 사람에게도 독이 될 수 있어요.

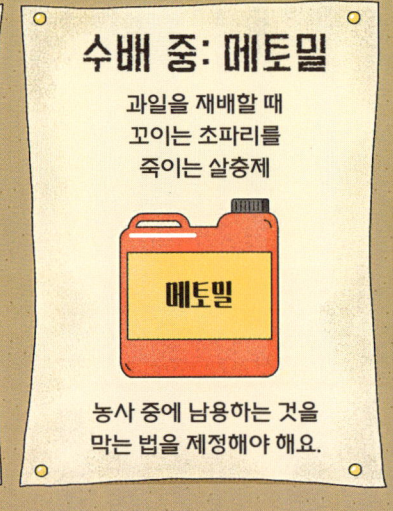

수배 중: 메토밀
과일을 재배할 때 꼬이는 초파리를 죽이는 살충제

농사 중에 남용하는 것을 막는 법을 제정해야 해요.

품질과 신선도

음식을 보호하고 상태를 추적하고 관찰하기 위해 새로운 기술이 계속해서 발달하고 있어요.

식품 포장재에 탄소 나노 튜브로 만든 센서를 부착해요. 이 센서에 가스가 감지되면 음식이 상해 간다는 뜻이에요.

먼 곳까지 운송해 가는 과일 상자에 숙성 과정을 늦추는 화학 물질을 넣어요.

적외선 분광법은 빛을 이용해 식품에 든 분자의 질과 양을 테스트하는 기술이에요.

수천 년 동안, 사람들은 식품을 몇 달 보관할 때 **산**이라는 화학 물질을 이용했어요. 산성을 띠는 물질일수록 박테리아가 생기기 어렵거든요.

단지나 통에 식품을 밀봉하는 것도 도움이 돼요. 공기가 통하는 걸 막아서 박테리아가 증식하지 못하게 해요.

pH 척도

물질이 얼마나 산성을 띠고 있는지는 **pH** 척도로 나타내요. pH 척도는 범위가 0에서 14까지고, 0이 가장 높은 산성을 띠는 거예요. 물처럼 수치가 pH7이면 산성이 아니고 **중성**이라고 해요. pH7이 넘으면 **알칼리성(염기성)**이에요.

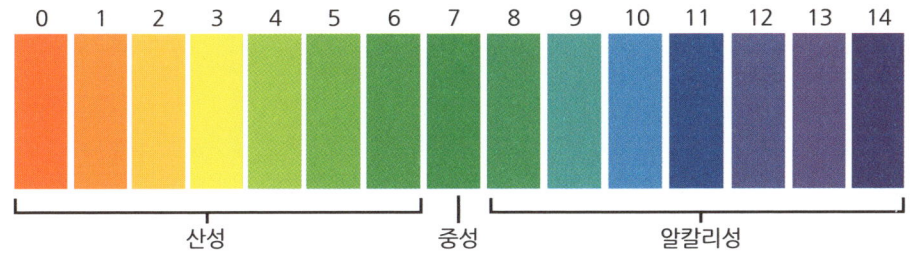

0 1 2 3 4 5 6 7 8 9 10 11 12 13 14

산성   중성   알칼리성

화학자들은 보통 pH 측정기라는 기구로 pH를 측정해요. **지시약**이라는 화학 물질도 쓰는데, 지시약은 물질의 산성도에 따라 색이 바뀌어요. 그런 다음 위와 같은 비색표와 색을 비교해요.

지시약 직접 만들기

집에서 직접 만든 지시약으로 물질의 산성도를 측정할 수 있어요. 작은 붉은양배추가 있으면 돼요.

1. 붉은양배추를 작은 조각으로 조심히 자른 다음 물에 넣고 10분간 끓여요. 그러면 물이 보라색으로 변할 거예요.

2. 끓인 양배추를 체에 거르고 용액을 식혀요. 용액을 유리병 또는 여러분이 구할 수 있는 유리컵에 여러 개로 나눠 담아요.

3. 양배추 용액에 넣을 물질들을 다양하게 준비해요. 이 물질들을 용액에 넣고 색이 어떻게 변하는지 볼 거예요.

베이킹 파우더   식초   레몬 주스   치약

산성이나 알칼리성을 약하게 띤 물질은 양을 많이 넣어야 지시약 색이 변할 거예요.

산성 물질을 넣으면 양배추 지시약이 분홍색으로 변해요. 알칼리성 물질을 넣으면 지시약이 파란색이나 초록색으로 변하고요.

시민 과학

환경 오염과 같은 문제 해결에 사람들이 참여하는 방법으로 **시민 과학**이 있어요. 과학자가 아니더라도 시민이라면 누구든 과학 프로젝트를 수행할 수 있어요. 동네 개울의 pH 측정부터 플라스틱 쓰레기양을 파악하는 일까지, 어떤 일이든 가능해요. 과학자들만 애쓰는 것보다 많은 사람이 함께 정보를 모으는 것이 훨씬 더 큰 효과를 가져다줄 거예요.

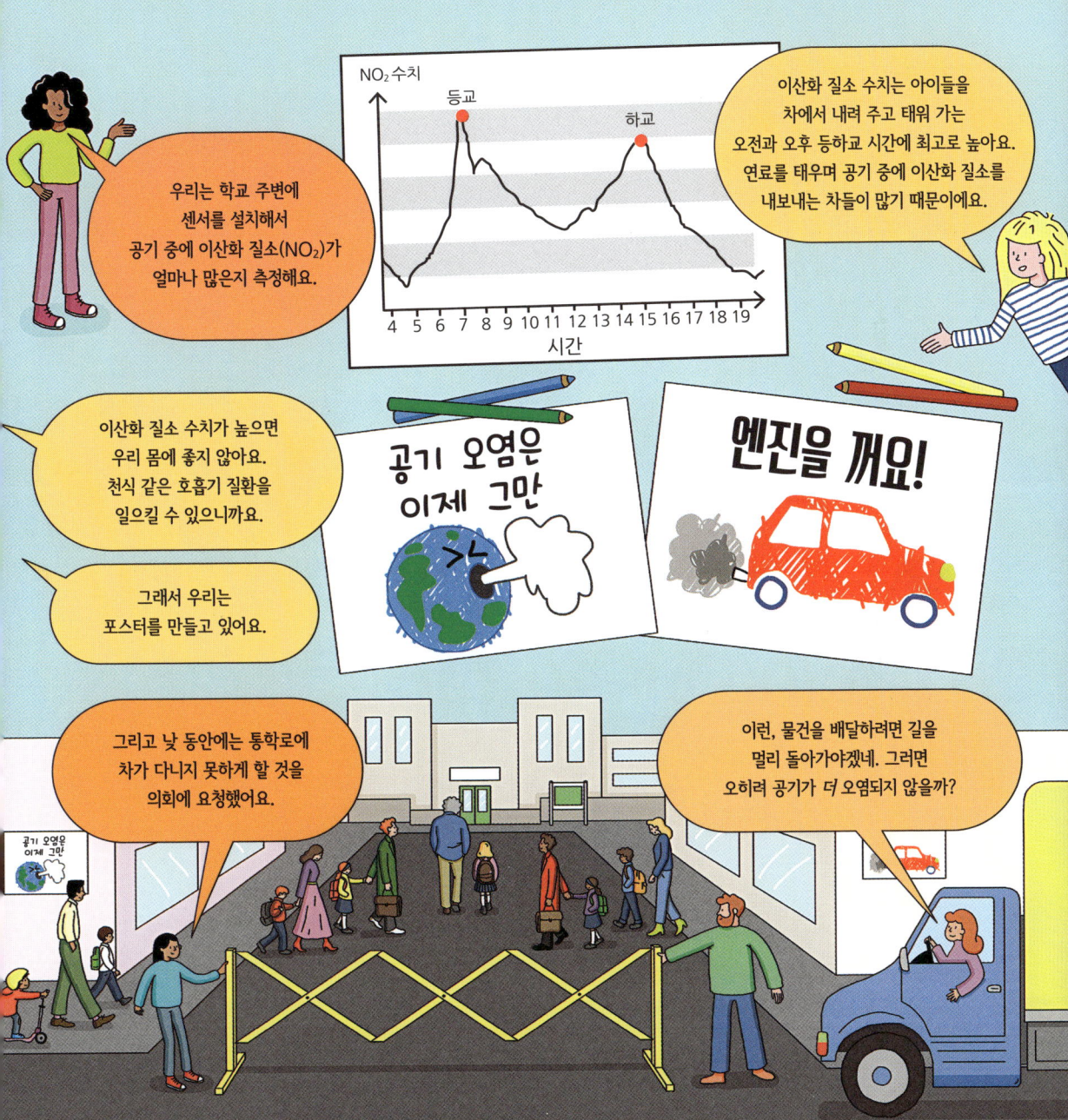

시민들도 문제를 파악하는 데 관심을 가지고 더욱 열심히 해결 방법을 찾기도 해요. 하지만 모두에게 완벽한 해결책은 없어요.

화학 물질은 나쁠까요?

사람들은 종종 '화학 물질'이라는 단어를 뭔가 해롭거나 원하지 않는 것을 나타낼 때 쓰기도 해요. 하지만 그러면 혼란에 빠질 수 있어요.

'천연' 물질이 더 좋을까요?

'천연'이라는 단어는 포장재에 자주 쓰여요. 듣기 좋은 단어잖아요. 화학 물질이 모두 식물에서 추출되고, 실험실에서 전혀 가공되지 않았다는 인상을 줄 수 있어요. 하지만 실제로는 온갖 다양한 경우를 뜻할 수 있어서 단어를 주의 깊게 살펴봐야 해요.

'100퍼센트 순수 오일'은 라벤더꽃에서 직접 추출한 거예요.

혼합을 잘하기 위해서 실험실에서 가공한 라벤더 오일 화합물을 포함하고 있어요.

휘발유 또는 천연가스에서 얻은 화합물로 만들었어요. 라벤더 향을 거의 똑같이 재현했어요.

우리는 '자연 화학 물질'이라는 말을 더 듣기 좋아하지만, 그렇다고 인공 화학 물질이 당연히 더 나쁜 게 되는 건 아니에요. 인공 화학 물질은 값이 더 저렴하고, 원료를 얻기가 더 쉽고, 지구 환경에도 더 좋을 수 있어요. 화장품 향을 더 좋게 만들기 위해 샌들우드 오일을 쓰는 것처럼요.

> 샌들우드 오일(백단유)은 나무에서 추출할 수 있어요. 하지만 나무는 자라는 데 30년이 걸리고, 많은 물과 넓은 땅이 필요해요.

> 샌들우드(백단향)는 너무 많이 잘려 나가서 멸종될 위기에 처해 있어요.

> 하지만 같은 물질을 실험실에서 화합물로 만들어 낼 수 있어요. 이런 경우라면, 어느 쪽을 선택해야 할지 뻔하지요!

모든 인공 화학 물질이 자연에 존재하는 화합물을 따라 한 건 아니에요. 어떤 물질은 완전히 새로 발명되기도 해요. 새로 발명한 화학 물질은 사람과 환경에 안전한지 확인하기 위해서 몇 번이고 반복해서 테스트를 거쳐요.

범죄 화학

범죄 현장에서 찾아낸 증거를 연구하는 과학자를 **법과학자**라고 해요. 법과학자는 화학을 활용해서 무슨 일이 일어났고, 언제 일어났고, 누가 현장에 있었는지 여러 단서를 꿰맞추도록 도와줘요.

증거 수집

깨진 유리에 묻은 이 붉은 건 피/일지도 몰라요. 만약 피라면, 페놀프탈레인이라는 화학 물질과 반응할 거예요. 핏속에 든 철분 때문에…

알루미늄 분말은 지문에 남은 땀에 달라붙어서 손자국이 눈에 잘 보이게 해 줘요.

…면봉이 분홍색으로 변하지요! 피가 맞네요. 창문을 깬 사람이 손에 상처를 입어서 나온 피일 거예요.

지문은 사람마다 다 달라서 이곳에 있던 사람이 누구인지 지문으로 확인할 수 있어요.

증거는 절대로 다른 사람의 흔적으로 오염되어서는 안 돼요. 그렇지 않으면 엉뚱한 사람이 누명을 쓸 수 있어요!

아하! 누군가 문에 귀를 대고 엿들었군요. 여기 귀 모양이 남아 있어요. 귀 모양도 지문처럼 사람마다 다 달라요!

우리는 현장에 지문이나 DNA, 실오라기 하나도 남기지 않도록 모자가 달린 보호복을 입고, 장갑을 끼고, 마스크를 써요.

증거물은 대부분 꼼꼼히 살펴봐야 해요. 그래서 증거를 멸균 봉투에 넣고 라벨을 붙여서 실험실로 보내요.

증거 분석하기

경찰은 용의자 두 명을 살펴보았어요. 범죄가 일어났을 때 현장에 누가 있었고 누가 없었는지, 증거로 밝혀낼 수 있을까요?

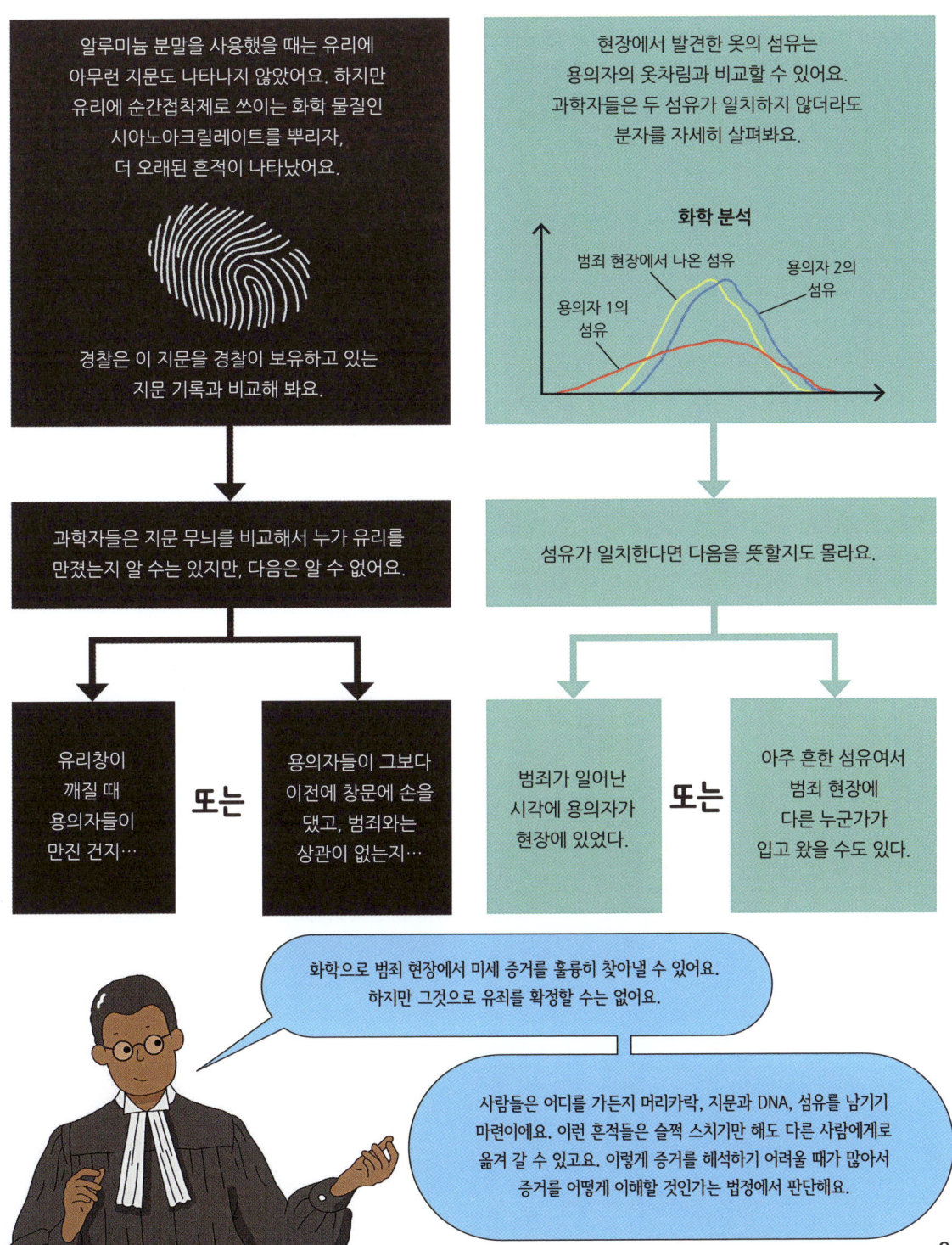

제8장
지구 살리기

인간이 지구에 큰 영향을 끼친다는 건 누가 봐도 분명해요.
기온 상승부터 환경 오염까지, 우리는 자연의
섬세한 화학 균형을 변화시켰고 이제는 그에 따른
위험한 결과를 마주하고 있어요.

더 친환경적인 연료를 만들거나, 쓰레기를 재활용해
물건을 만드는 등, **녹색 화학** 그리고 **환경 화학**이
위태로운 지구를 지키는 데 앞장서고 있어요.

인간이 끼치는 영향

지구 크기에 비하면 인간은 엄청나게 작아 보여요. 하지만 우리가 지구에 끼치는 영향은 엄청나게 커서, 바다부터 지구를 둘러싼 기체층인 **대기**에 이르기까지 지구 전체가 화학적으로 변화하고 있어요.

우주는 얼어붙을 듯이 춥지만, 지구는 주위를 감싼 대기 덕분에 아늑하게 유지되고 있어요. 특정 기체들이 태양에서 오는 열과 지구에서 생긴 **온실가스**를 가두기 때문이에요.

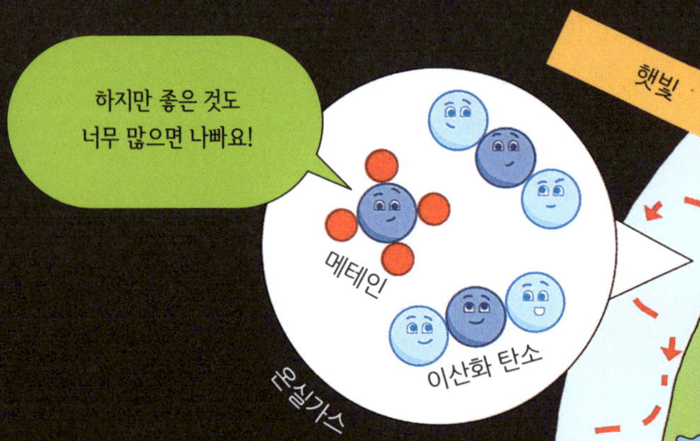

하지만 좋은 것도 너무 많으면 나빠요!

메테인
이산화 탄소
온실가스

햇빛
열

녹아내리는 극지방의 얼음…

…높아지는 해수면…

…예측하지 못할 만큼 변화가 극심해지는 날씨…

사람들은 석탄이나 석유나 천연가스 같은 **화석 연료**를 태워서 대기로 온실가스를 내보내고 있어요. 온실가스를 더 많이 내보낼수록, 더 많은 열이 대기에 갇혀요.

이로 인해 지구의 평균 온도가 점점 더 올라가서, **지구 가열화** 현상이 일어나고 있어요.

…이런 현상은 모두 지구 가열화로 일어나는 거예요.

바닷물도 점점 더 따뜻해져요. 그러면 물에 용해되는 산소가 점점 더 줄어들어요. 물속에서 숨 쉴 산소가 필요한 물고기들한테는 나쁜 소식이지요.

물에 띄운 센서들로 세계 바닷물의 온도를 측정해요.

그리고 대기에 남아도는 이산화 탄소 때문에 바다가 더욱 산성화하고 있어요. 이것도 물고기한테는 굉장히 해로워요!

!

의도하지 않은 결과

맨 처음 화석 연료를 태우기 시작했을 때, 사람들은 대기에 어떤 변화를 초래할지 상상도 못 했어요. 염화 플루오린화 탄소, 줄여서 **CFC**(프레온 가스)라고 부르는 유용한 화학 물질의 경우도 마찬가지예요.

CFC가 해를 끼친다는 사실이 분명해지자 세계 각 나라는 다 함께 CFC 사용을 금지했어요. 1987년, CFC 사용 금지에 동의하는 국제 협약인 몬트리올 의정서가 발효되었어요. CFC는 화학적으로 매우 안정되어 오랫동안 없어지지 않아요. 그래서 CFC 사용을 금지한 효과를 보기까지 시간이 오래 걸려요. 하지만 이제 오존층 구멍은 줄어들기 시작했어요.

미래의 동력

세계 에너지의 대부분은 화석 연료에서 얻어요. 지구에 해를 끼치지 않는 방식으로 우리 집과 공장과 자동차에 동력을 줄 방법을 마련하는 것이 화학자들에게 가장 큰 도전 과제예요.

태양열 에너지와 풍력을 활용하는 더 좋은 방법은 이 에너지들을 **배터리**에 저장하는 거예요. 화학 반응으로 에너지를 저장하고 방출하는 방식이에요.

배터리의 화학적 원리

배터리의 양 끝은 **전극**이라는 금속으로 이루어져 있어요. **전해질**이라는 액체 물질이 전극을 분리해요.

반응이 일어나면 음전극에 전자가 쌓여요. 전자는 양전기를 띤 것에 이끌리기 때문에, 양전극으로 가기 위해 회로를 따라 이동해요.

이런 전자의 흐름으로 생기는 에너지를 **전기**라고 불러요.

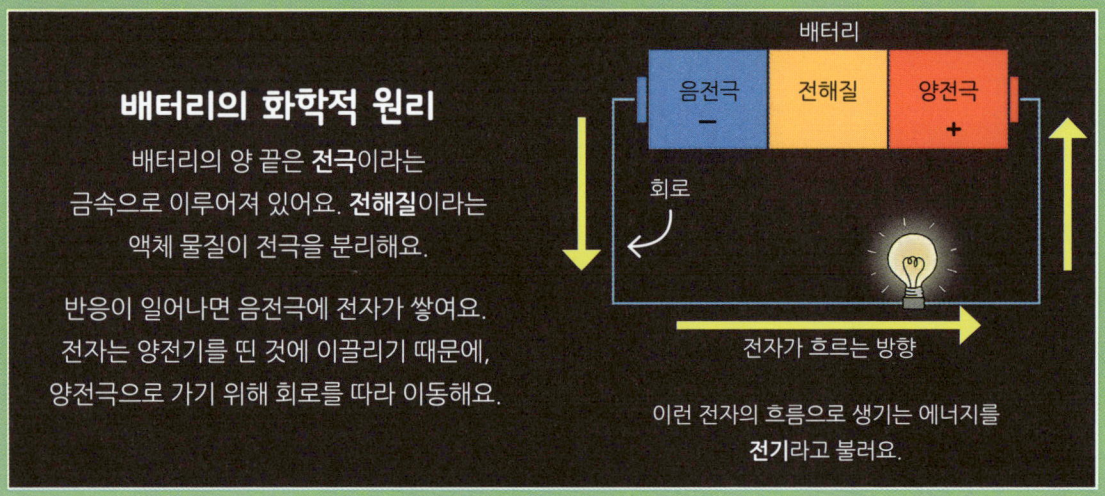

더 좋은 배터리

더 좋은 배터리를 만들 수 있을까요? 화학자들은 다양한 아이디어를 시험해 보고 있어요.

녹색 연료

문제는 우리가 살아가는 데 에너지가 엄청나게 많이 필요해서 더 좋은 배터리만으로는 해결할 수 없다는 점이에요. 녹색 연료는 생산되거나 연소될 때 이산화 탄소(CO_2)를 아주 조금 내보내거나 거의 내보내지 않아서 도움이 될 수 있어요.

플라스틱, 어디에나 플라스틱

가볍고 잘 깨지지 않는 플라스틱은 약 100년 전에 처음 개발되었을 때는 놀라운 물질이었어요. 오늘날, 플라스틱은 우리 삶 곳곳에 쓰이지만, 아주 심각한 문젯거리가 되었어요.

플라스틱은 어떻게 만들어질까요?

플라스틱은 대부분 석유나 천연가스로 만들어요. 이 물질들에서 발견되는 작은 분자들을 가열하면 분자들이 서로 결합해서 긴 사슬을 이루어요. 이 사슬을 **고분자**라고 불러요.

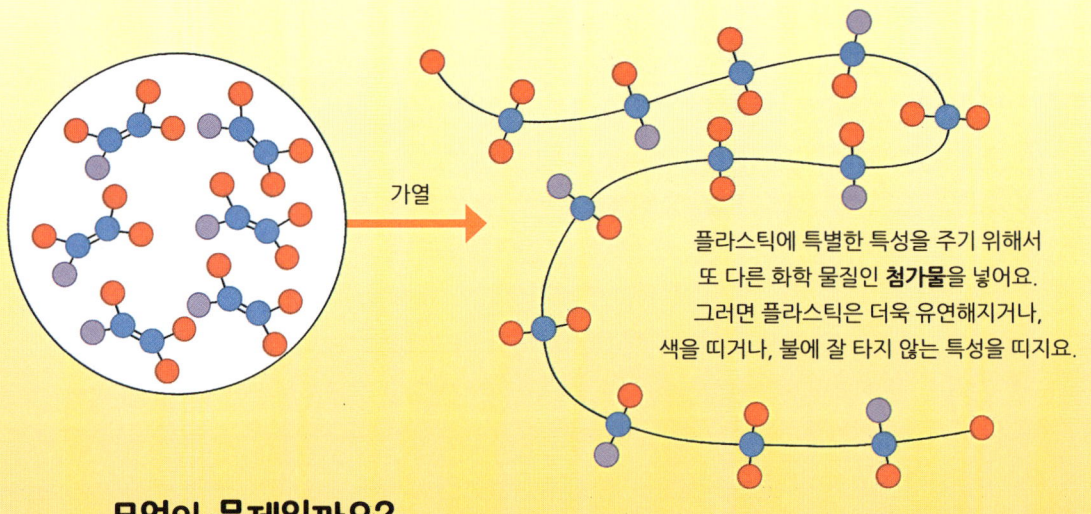

플라스틱에 특별한 특성을 주기 위해서 또 다른 화학 물질인 **첨가물**을 넣어요. 그러면 플라스틱은 더욱 유연해지거나, 색을 띠거나, 불에 잘 타지 않는 특성을 띠지요.

무엇이 문제일까요?

플라스틱은 자연에 존재하지 않아요. 그래서 물질을 썩게 하는 수많은 박테리아나 균류가 플라스틱을 알아차리지 못해요. 다시 말해, 플라스틱은 대부분 수백 년 동안 없어지지 않고 환경에 머문다는 뜻이에요.

태평양에서 넓은 면적을 차지하는 태평양 쓰레기 섬에는 8만 톤에 달하는 플라스틱 쓰레기가 쌓여 있어요.

2050년 무렵에는 바다에 물고기보다 플라스틱이 더 많을 수 있어요.

시간이 흐를수록 플라스틱은 아주 작은 조각인 **미세 플라스틱**으로 분해될 수 있어요. 미세 플라스틱은 공기와 물에 떠다니다 결국 우리 몸에 들어와요. 미세 플라스틱이 건강에 어떤 영향을 끼치는지 아직 잘 모르지만, 플라스틱에 든 첨가물 일부에 독성이 있다는 사실을 생각하면, 좋은 영향을 기대하기는 힘들겠지요.

우리가 할 수 있는 일은?

화학자들은 플라스틱 문제를 해결하기 위해 다음과 같은 몇 가지 방법을 연구하고 있어요.

더욱 친환경적인 플라스틱

플라스틱은 흔히 석유와 천연가스로 만드는데, 이 물질들은 환경을 오염시켜요. 이런 물질 대신, 사탕수수나 곡식이나 폐목재로도 플라스틱을 만들 수 있을 거예요.

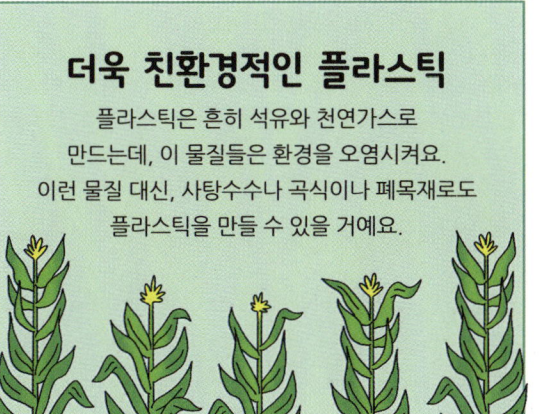

스스로 분해되는 플라스틱

플라스틱을 먹어 치우는 효소를 작은 주머니에 가득 담아 플라스틱에 넣어 두는 방법이 있어요. 알맞은 조건에 효소들이 깨어나면 며칠 만에 플라스틱을 소화할 거예요.

더 나은 재활용

플라스틱은 보통 열에 녹여서 재활용해요. 그 과정에서 많은 에너지가 드는데 재활용할 수 있는 횟수도 몇 번 안되지요. 새로운 재활용 방법은 꼼꼼하게 설계한 반응으로 고분자를 잘라서 원래의 작은 분자로 되돌리는 거예요.

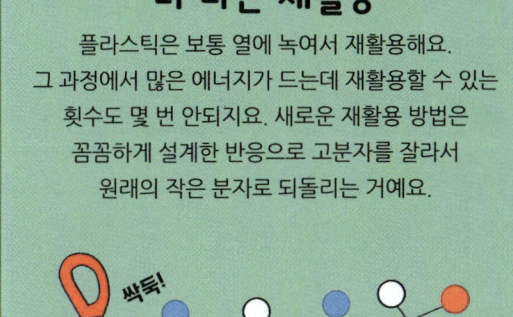

이렇게 하면 몇 번이든 재활용이 가능하지요.

완전히 새로운 물질

화학자들은 균류와 해조류로 플라스틱 같은 특성을 가진 물질을 만들었어요. 이런 물질들은 시간이 지나면 자연적으로 분해돼요.

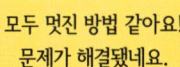

모두 멋진 방법 같아요! 문제가 해결됐네요.

그렇지 않아. 화학자들이 넘어야 할 가장 큰 산은 이런 새로운 기술을 옛날 기술만큼 *값싸게* 쓸 수 있어야 한다는 거야. 지금 당장은, 석유로 플라스틱을 만들고 다시 녹여서 재활용하는 값이 더 싸.

그럼 아예 플라스틱을 덜 쓰면 어때요?

바로 그거야! 플라스틱 사용량을 줄이고 가능하면 다시 쓰는 게 *가장* 중요해.

쓰레기를 보물로 바꾸기

사람들은 쓰레기를 많이 만들어요. 음식, 옷, 전자 기기, 심지어 몸에서도 쓰레기가 나와요. 이 모든 쓰레기는 어딘가로 가야 해요. 대부분은 땅에 묻거나 태워요. 하지만 화학을 활용해 쓰레기를 유용한 것으로 바꾸면 어떨까요?

쓰레기는 온갖 놀라운 방법으로 활용될 수 있어요. 재료 과학자들은 물질의 화학적 특성과 구성 원자를 잘 파악하여 쓰레기로 여러 가지 유용하고 새로운 것들을 만들 수 있어요.

아래 나온 물건들은 어떤 쓰레기로 만들었는지 맞혀 볼까요?

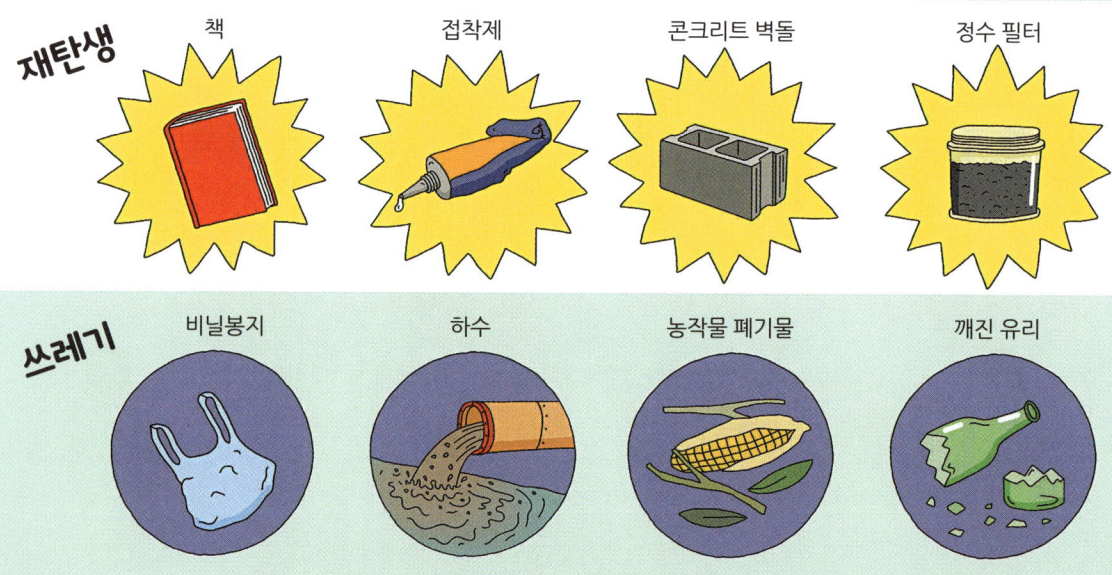

정답: 책-하수 / 접착제-비닐봉지 / 콘크리트 벽돌-깨진 유리 / 정수 필터-농작물 폐기물

옷의 진짜 가격

우리가 입는 모든 옷은 제작 과정에서 엄청난 양의 천연자원이 들고
쓰레기를 아주 많이 만들어 내요.

석유로 만든 폴리에스터 티셔츠는 7킬로그램의 이산화 탄소를 배출해요.

청바지 한 벌을 만들 만큼의 목화를 키우려면 수천 리터의 물이 필요해요.

가죽은 독성이 있는 크로뮴으로 만들어요.

옷감 염색은 공장 주변의 물을 오염시킬 수 있어요.

화학자들은 다양한 대체 옷감을 열심히 연구하는데, 이때 무엇을 이용할까요? 바로 쓰레기예요.
가장 많이 쓰이는 쓰레기 자원은 음식물 쓰레기예요. 모든 음식 가운데 3분의 1이 결국 버려지거든요.
화학을 활용하면 이 두 가지 문제를 동시에 똑똑하게 해결할 수 있어요.

생분해성 부티크

이 스웨터의 옷감은 코코넛 껍질로 만들었어요. 목화를 키울 때보다 물이 덜 들고 이산화 탄소를 덜 배출했어요.

가죽처럼 보이는 이 가방들은 버려진 망고로 만들었어요. 독성 있는 화학 물질은 전혀 들어가지 않았어요!

이 염색약은 과일 음료를 만들고 남은 블랙커런트 과육을 사용했어요.

새로 나온 얼굴 크림을 써 보시겠어요? 오렌지 껍질에서 얻은 유효 성분으로 만들었어요.

녹색 화학은 더욱 안전하고 더욱 친환경적인 화학 물질과 생산품을 만드는 분야예요.
대체로 환경을 지키는 가장 좋은 방법은 아무것도 사지 않는 거예요. 또는 덜 사거나요.
어쨌든 우리가 구매하는 것이 가능한 한 지구에 친절해야 한다는 점이 가장 중요해요.

제9장
우주

인간이 가장 멀리 간 곳은 달이에요. 끝없이 넓은 우주에서 보면
달은 사실상 우리 뒷마당에 아주 가까이 있는 셈이지만요.
하지만 **우주 화학**을 연구하면서, 우리는 다른 행성이나
별에 직접 가 보지 않고도 엄청난 사실들을 알게 되었어요.

로봇 탐사선부터 고성능 망원경과 빛의 특징까지,
제9장에는 우주를 탐사하기 위해 화학을 활용한
모든 이야기가 담겨 있어요.

별은 무엇으로 이루어져 있을까?

별은 무엇으로 이루어져 있을까요?

별은 하늘에 셀 수 없이 많아요. 직접 찾아갈 엄두도 못 낼 만큼 엄청나게 멀리 떨어져 있고요. 하지만 화학자들은 별빛에 숨겨진 화학적 지문을 연구해서 멀리 떨어진 별에 관해서도 많은 것을 발견할 수 있어요.

빛을 읽기

별빛에는 다양한 빛의 색이 서로 섞여 있어요.
과학자들은 **분광기**라는 기기를 써서 빛을 무지갯빛으로 분리해요.

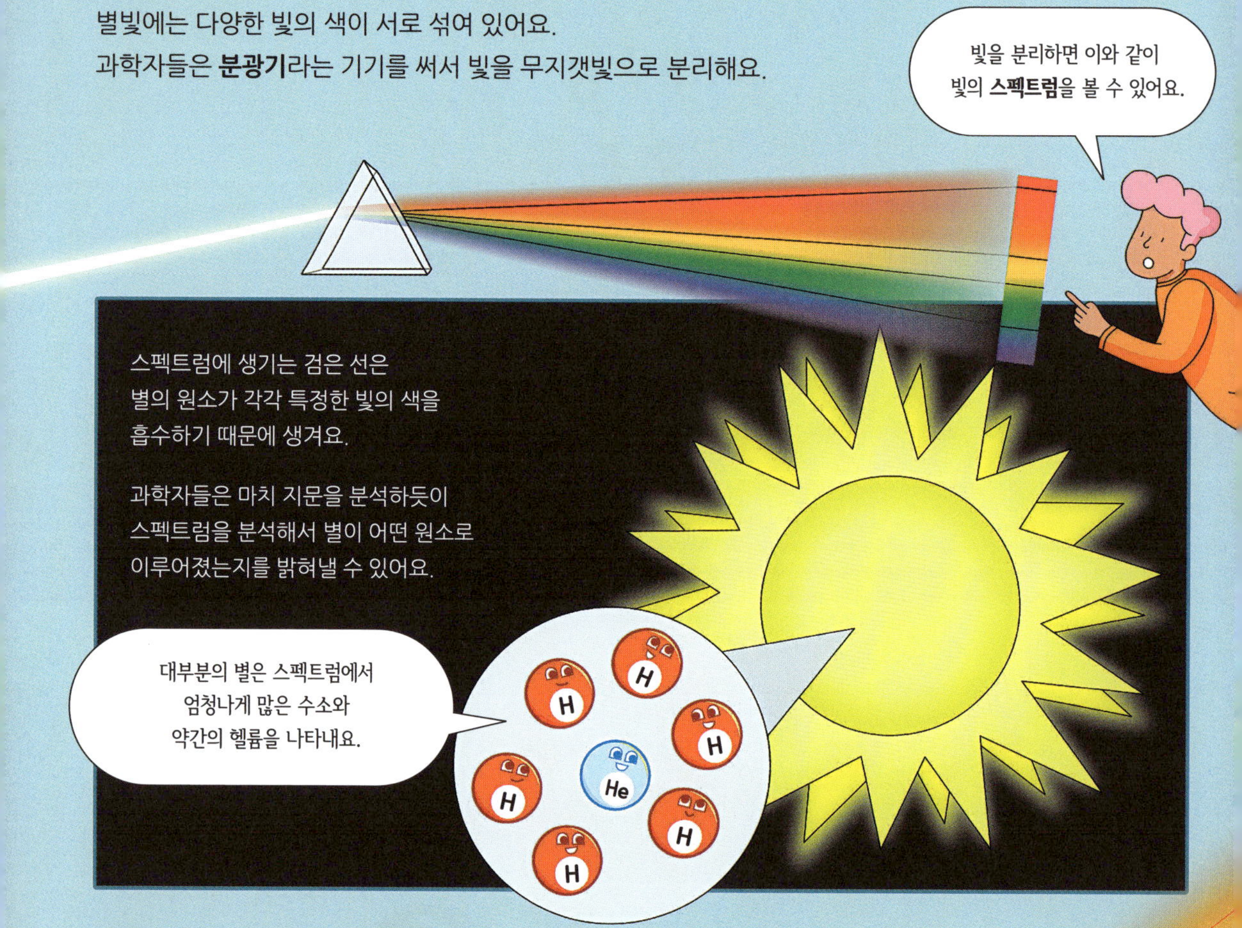

빛을 분리하면 이와 같이 빛의 **스펙트럼**을 볼 수 있어요.

스펙트럼에 생기는 검은 선은 별의 원소가 각각 특정한 빛의 색을 흡수하기 때문에 생겨요.

과학자들은 마치 지문을 분석하듯이 스펙트럼을 분석해서 별이 어떤 원소로 이루어졌는지를 밝혀낼 수 있어요.

대부분의 별은 스펙트럼에서 엄청나게 많은 수소와 약간의 헬륨을 나타내요.

별은 왜 빛날까요?

별의 내부에서 강력한 반응이 일어나기에 별은 빛나요.
초고온 수소 원자는 서로 충돌하고 융합하여
새로운 헬륨 원자를 만들어요. 이것을 **핵융합**이라고 해요.
이렇게 열기를 띠고 빛을 낼 때 *어마어마한* 에너지를 방출해요.

우리 둘은 곧 하나가 될 거야!

별이 만드는 것

우주에 있는 거의 모든 원소는 별로 만들어졌어요. 우리 몸속에 있는 원소들도 마찬가지예요.
그럼 원소들은 어떻게 우주 곳곳으로 흩어졌을까요? 별이 생을 마감할 때 일어나는 폭발 때문이에요.

별의 생명이 끝나갈 무렵에는 모든 수소 원자가 헬륨 원자로 융합되어 있을 거예요. 헬륨 원자는 리튬과 산소와 탄소처럼 점점 더 무거운 원소로 융합하기 시작해요.

마침내 별은 더는 융합할 수 없을 만큼 무거운 철 원자를 만들어요.

이 단계에서 별이 충분히 크면 스스로 붕괴해 우주에서 가장 큰 폭발인 **초신성**이 되어요.

초신성이 일으키는 온도는 몇 초 만에 십억 도를 훌쩍 넘어가요. 철을 훨씬 *더 무거운* 원소로 융합할 만큼 뜨거운 온도지요.

한때 별을 구성했던 원소들은 63조 킬로미터 멀리까지 우주 곳곳으로 흩어져요.

원소들은 기체와 먼지와 함께 모여 거대한 구름을 이루어요. 여기서 더욱더 복잡한 분자들이 형성돼요.

결국 이런 기체 구름에서 생긴 분자들이 새로운 별과 행성을 이루고,
화성의 산부터 지구의 생명체까지, 그 행성 안에 있는 그 모든 것이 되지요.

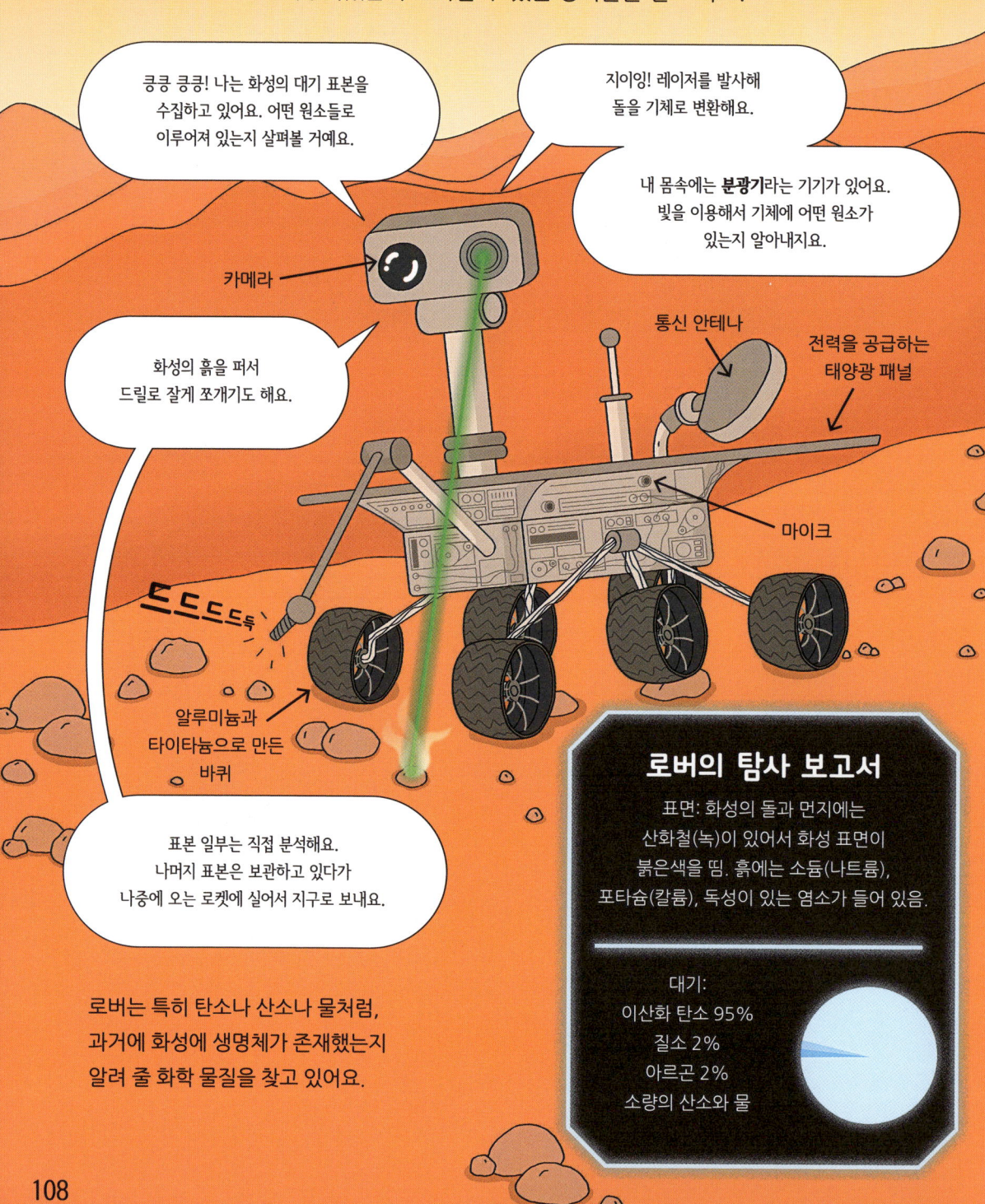

사람이 화성에서 살 수 있을까요?

아직은 아니에요. 화성은 인간이 살기에 굉장히 위험한 환경이에요.
하지만 화성을 인간이 살 수 있는 곳으로 만들려는 엄청난 과제에 화학이 도전하고 있어요.

대기 중 산소 없음 → 하지만 바위투성이 표면을 구성한 산화철 속에 산소가 있어요. → 거대한 우주 레이저로 표면을 폭파해서 바위를 녹여 산소를 내보낼 수 있어요.

극한의 추위 → 화성은 대기층이 얇아 열을 가둬 둘 수 없어요. 어떤 곳은 영하 153도까지 내려가요. → 따뜻하게 하는 온실가스를 대기에 많이 주입하면 행성 온도를 높일 수 있을 거예요.

액체 상태의 물이 없음 → 화성에는 모든 물이 꽁꽁 얼어 있어요. 땅속 호수나 극지방에 있는 물도 마찬가지예요. → 에어로젤처럼 열을 흡수하는 물질로 표면을 덮으면 얼음을 녹일 수 있을지도 몰라요.

↓ 이런 방법은 추위를 줄이는 데도 도움이 될 거예요.

우주 방사선 → 화성은 지구와는 달리 태양에서 오는 해로운 방사선을 막아 주는 장치가 없어요. → 보호막을 마련하면 어떨까요? 흙과 드라이아이스로 만든 콘크리트가 효과가 있을까요?

독성을 띤 흙 → 화성의 흙은 독성이 강한 과염소산염 화합물을 함유하고 있고, 작물을 키울 만한 영양소가 거의 없어요. → 과염소산염을 분해하는 촉매제를 흙에 첨가해요. 그런 다음 비료를 섞으면 어떻게 될까요?

109

생명체 찾기

지금까지 우주에서 생명체가 발견된 곳은 우리가 사는 지구가 유일해요. 하지만 과학자들은 우리 은하에만 수십억 개의 행성이 있을 것으로 추정해요. 그러니 우리 은하 어딘가에 생명체가 있을지도 모르지요. 그런데 어떻게 찾을 수 있을까요?

생명체의 지문

과학자들이 찾을 수 있는 게 하나 있어요. 생명체에게서 일어나는 화학 반응과 관련된 기체 분자예요. 이런 분자들을 **생명 지표**라고 해요.

찾아야 할 기체

산소 - 식물이 광합성 할 때 발생

수증기와 이산화 탄소 - 생명체가 숨을 내쉴 때 발생

메테인 - 소화 과정에서 흔히 발생

포스핀 - 지구에서 산소가 매우 희박한 환경에 사는 박테리아가 생산하는 가스

브로민화 메틸 - 지구의 해조류에서 발견되는 독성 있는 화학 물질

아이소프렌 - 나무에서 생산되는 내열성 기체

검색 중…

행성에서 생명 지표를 찾는 과학자들은 대기를 통과하는 별빛을 분석해요.

지금까지 다른 행성에서 생명 지표로 확인된 건 없어요. 하지만 생명 지표를 감지하는 기술이 꾸준히 발달하고 있어요.

그러면 생명 지표가 많이 발견될수록, 행성에 외계인이 있을 가능성이 높다는 거죠?

맞아. 하지만 생명 지표 기체들은 지구에 사는 생명체와 연관 있는 화학 물질일 뿐이야. 다른 행성에 사는 생명체는 화학적으로 전혀 다를 수 있지.

생명의 근본

지구에 사는 생명체가 사용하는 특정 원소가 하나 있어요. 바로 **탄소**예요. 과학자들은 외계 생명체조차도 탄소를 기반으로 삼았을 거라고 생각해요. 탄소는 꽤 특별한 일을 할 수 있거든요.

다가오는 로봇 시대

아무리 간단한 반응이라도 완벽하게 이끌어 내기 위해서는 실험에 공을 많이 들여야 해요. 로봇으로 작업을 수행하면서, 화학자들이 새로운 것을 만들고 발견하는 속도가 빨라졌어요.

로봇 화학자

화학자들은 이미 반복적인 일에 로봇을 이용하고 있어요. 하지만 기술이 발전하면 로봇 조수들의 활용성은 더욱 커질 수 있어요. 이전의 로봇이 미리 프로그램된 단계를 그대로 따라갔다면, 더욱 새로워진 로봇 시스템은 훨씬 더 유연하게 문제를 처리하고, 돌아다닐 수 있고, 더 복잡한 실험을 수행하며, 심지어 결과를 해석할 수 있을 거예요.

상상 속의 새로운 로봇 실험실 조수를 만나 보세요.

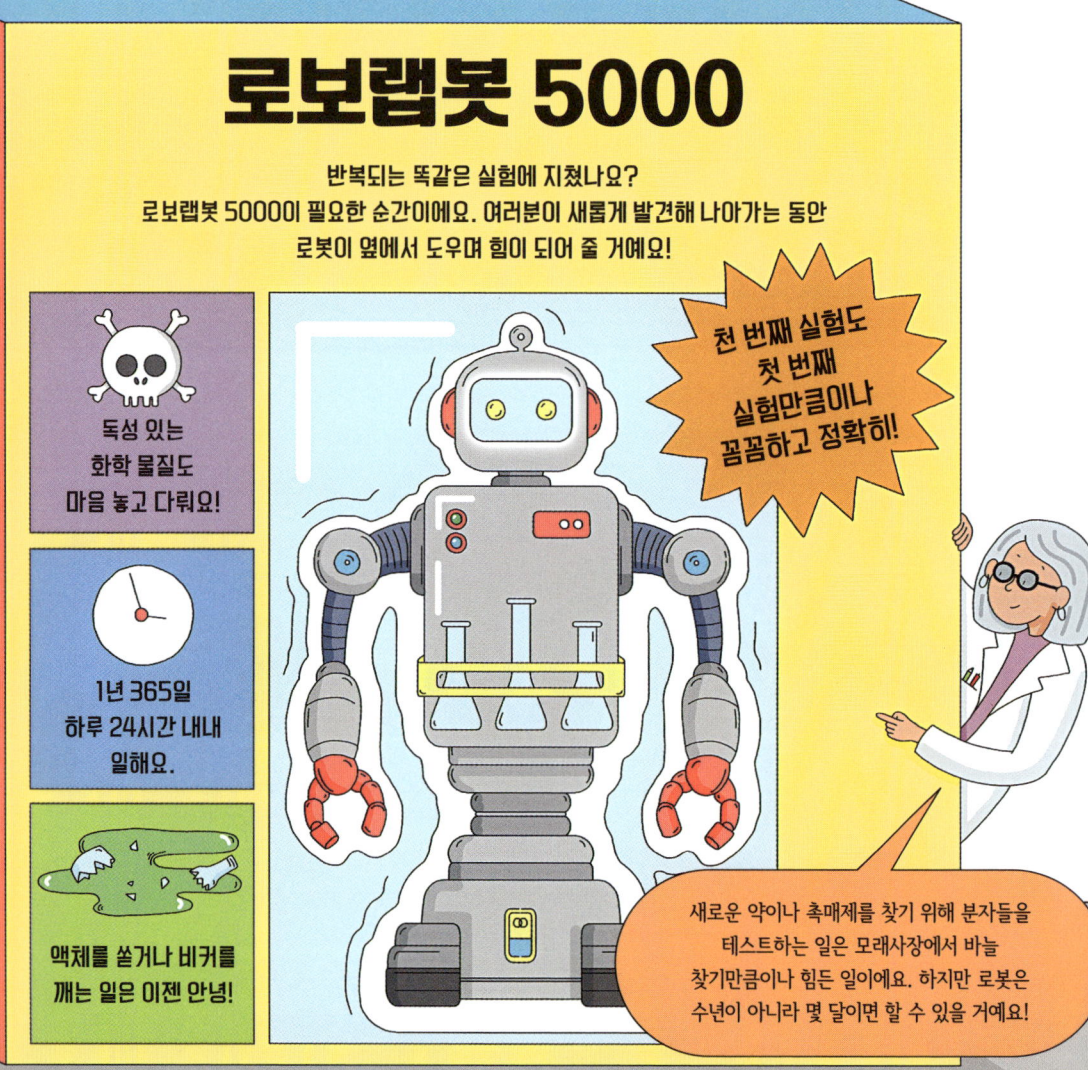

스스로 생각하는 로봇

AI, 즉 **인공 지능**은 로봇 화학에서 가장 흥미로운 개발 분야예요. 인공 지능은 새로운 것을 배우고, 심지어 배운 것에 대해 생각할 수 있는 컴퓨터예요.

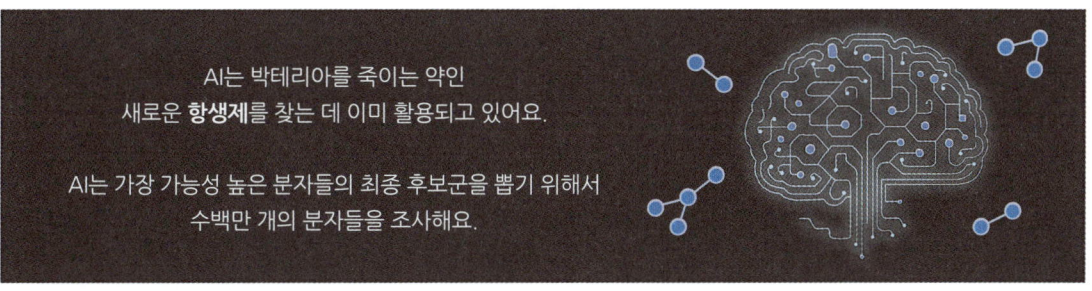

AI는 박테리아를 죽이는 약인 새로운 **항생제**를 찾는 데 이미 활용되고 있어요.

AI는 가장 가능성 높은 분자들의 최종 후보군을 뽑기 위해서 수백만 개의 분자들을 조사해요.

AI로 실험 로봇을 프로그래밍하는 것은, 로봇이 직접 실험을 설계하고 수행하며 결과를 분석한 다음 무엇을 더 이어서 할지 결정할 수 있다는 뜻이에요.

그러면 사람 화학자는 더는 없을 거라는 얘기예요?

그건 아니야! 사람과 기계는 생각하는 방식이 다르고 장점도 달라.

수천 가지 실험을 로봇을 이용해서 처리한다면, 사람 화학자는 그만큼 창의적으로 생각하고 좋은 아이디어를 공유할 시간이 더 생기는 거지.

그럼 미래에는 동료 화학자가 로봇이 될 수도 있어요?

그건 가능한 일이지. 우리는 AI로부터 많은 것을 배우게 될 거야. 하지만 AI도 우리가 필요하다는 걸 잊으면 안 돼! AI는 우리가 시스템에 공급한 지식을 이용해서 작동하거든. 그러니, 우리가 발전과 발견을 계속해 나아가면, AI도 그럴 거야.

깜짝 소식! 거스와 로보랩봇 5000이 새로운 발견으로 노벨상을 수상했다.

자연에서 찾아보기

생명체는 독특하고 다양한 화학 처리 과정을 완벽하게 해내 왔어요. **생체 모방**은 인간에게 생긴 문제를 해결하기 위해 자연으로부터 훌륭한 방식을 연구하는 과학 분야예요. 배울 것이 아주 많아요.

인간이 만드는 많은 것들은 다음과 같은 문제 상황을 불러일으켜요.

극한 기온

너무 강력한 화학 물질

많은 쓰레기와 오염 발생

다른 생명체들은 주로 공기 또는 물 온도 같은 소량의 무독성 요소만을 이용해서 성장할 수 있어요. 그리고 이들이 내놓은 쓰레기도 환경을 해치기보다는 더 나아지게 하는 경향이 있고요.

조개껍데기를 예로 들어 보죠. 바다 생물은 바다에서 칼슘 원자와 탄산염 이온을 흡수해서 껍데기를 만들어요.

그런 다음, 칼슘 원자와 탄산염 이온은 바닷물 온도에서 단단해지면서 결정을 형성해요.

그리고 바다 생물이 죽으면, 껍데기는 분해되어 모래로 뒤덮인 바다 밑바닥의 일부가 되지요.

자연의 화학이 안전하고 생명 친화적이어야 하는 이유는 화학이 생명체 가까이, 심지어 생명체 몸속에 작용하기 때문이에요. 그 결과는 참으로 놀라워요. 어떤 껍데기는 인간이 만들 수 있는 그 어떤 세라믹 물질보다도 두 배는 더 질기니까요.

이렇게 자연의 깨끗하고, 효율적이고, 정밀한 작용 방식을 따라 하기란 화학자들에게 쉽지 않은 일이에요. 하지만 조개도 하는데, 왜 우리가 못 하겠어요?

자연이 할 수 있다면...

...우리도 독성 색소를 적게 써서 색을 표현할 수 있어요!

자연은 여러분이 필요해요

식물은 대기에서 이산화 탄소를 흡수해서 포도당 에너지를 만들어요. **여러분도** 그렇게 할 수 있을까요?

우리도 할 수 있을까요?

나는 무독성, 초강력, 방수 접착제를 만들어서 바위에 붙어요. **여러분은** 어떤가요?

화학자들은 이미 자연의 세계에서 영감을 받아 좋은 아이디어를 내며 연구하고 있어요.

우리가 지향하는 가장 큰 목표 중 하나는 식물이 광합성으로 에너지를 만드는 방식을 모방하는 거예요.

우리는 간신히 작은 규모로 광합성 기술을 모방했어요. 하지만 휘발유를 대신할 유용한 대체 에너지를 만드는 데에는 엄청난 노력이 필요해요.

자연에서 일어나는 반응을 모방하기란 늘 쉽지만은 않아요. 그래도 자연이 반응하는 방식을 모방할 수는 있지요. 자연에서 안전하게 분해되는 단순하고, 생명 친화적인 화학 물질을 사용하는 방식 말이에요.

한 가지는 분명해요. 무려 870만 종에 달하고 지금도 계속 늘어나는 다양한 생명체가 지구에 산다는 것은, 아직도 알아내야 할 화학적 발견이 끝없이 이어지고 있다는 사실이지요.

최첨단 화학

화학은 미래에 큰 포부를 가지고 언제나 더 나은 가능성을 제시하고 있어요.
화학이 몰두 중인 중대하고 새로운 아이디어로는 다음과 같은 것이 있어요.

연속적인 흐름

끊임없이 일어나는 화학 반응은 어떻게 설계할까요?
유동 화학(흐름 화학)에 이러한 생각이 반영되어 있어요.
유동 화학에서는 반응 물질을 쭉 이어진 관으로 흘려보내요.
작은 관에서 아주 작은 규모로 반응이 일어나요.

의사들은 작은 휴대용 테스트 키트를 이용해 피 한 방울로 어떤 질병이 있는지 확인할 수 있어요. 피를 실험실에 보내지 않아도 돼요.

클릭 화학

분자를 조작하는 과정은 대개 어려워요.
클릭 화학 분야에서는, 과학자들이 마치 블록 조각을 딱딱 맞추듯, 단순한 반응을 이용하여 더 작은 부분에서 복잡한 분자를 만들어 내려고 애쓰고 있어요.

아주 작은 기계

수십 년 동안, 화학자들은 개별 분자들로 아주 작은 장비를 만들려고 노력해 왔어요. 이것을 **나노 기술**이라고 해요.

2017년, 수백 개의 원자로만 이루어진 나노카 여섯 대가 금으로 만든 아주 작은 트랙에서 자동차 경주를 펼쳤어요.

이렇게 재미난 자동차 경주 외에, 나노 드릴 같은 작디작은 기기들이 의학 분야에서 유용할 수 있다는 게 입증되었어요. 과학자들은 항생제 없이도 나노 드릴이 박테리아 속으로 파고들어 박테리아를 죽이는 데 활용될 수 있기를 바라고 있어요.

슈퍼 효소

효소는 화학 반응 속도를 높이는 강력한 단백질이에요. 효소는 특수한 형태를 띠어 다양한 분자들과 결합해 분자들의 결합 또는 분해를 도와요. 만약 화학자들이 특정 반응의 속도를 높이기 위해 효소를 입맛대로 만들어 낼 수 있다면 어떻게 될까요?

우리가 찾는 화학 반응과 비슷한 효과를 일으키는 효소를 구해 임의로 유전자에 돌연변이를 일으켜요.

이런 과정을 반복하여 더욱 효율적인 효소를 만들어 내는 방식을 **유도 진화**라고 해요.

약간의 운과 함께, 여러 차례 변화를 거치는 과정에서 처음보다 효능이 더 좋은 효소가 만들어져요.

반짝반짝 빛나는

퀀텀닷은 크기에 따라서 특정한 빛을 발하는 아주 작은 결정이에요.

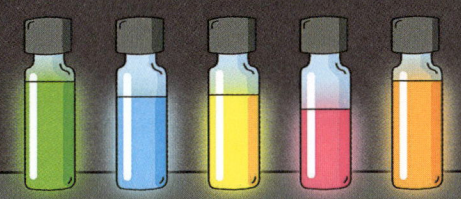

퀀텀닷은 TV 디스플레이에서 가장 흔히 찾아볼 수 있어요. 하지만 암 수술에도 유용하게 쓰일 수 있어요.

암세포는 퀀텀닷을 비롯하여 여러 물질을 건강한 세포보다 더 쉽게 흡수해요. 그러니까 퀀텀닷으로 빛이 나는 암세포를 찾으면 의사가 수술로 제거할 수 있지요.

원자 배열 기술

아직은 꿈속의 기술이에요. 하지만 화학자들이 어떤 분자든 원하는 대로 만들어 내는 간편한 기계를 발명한다면, 화학의 모든 분야가 뒤바뀔 거예요.

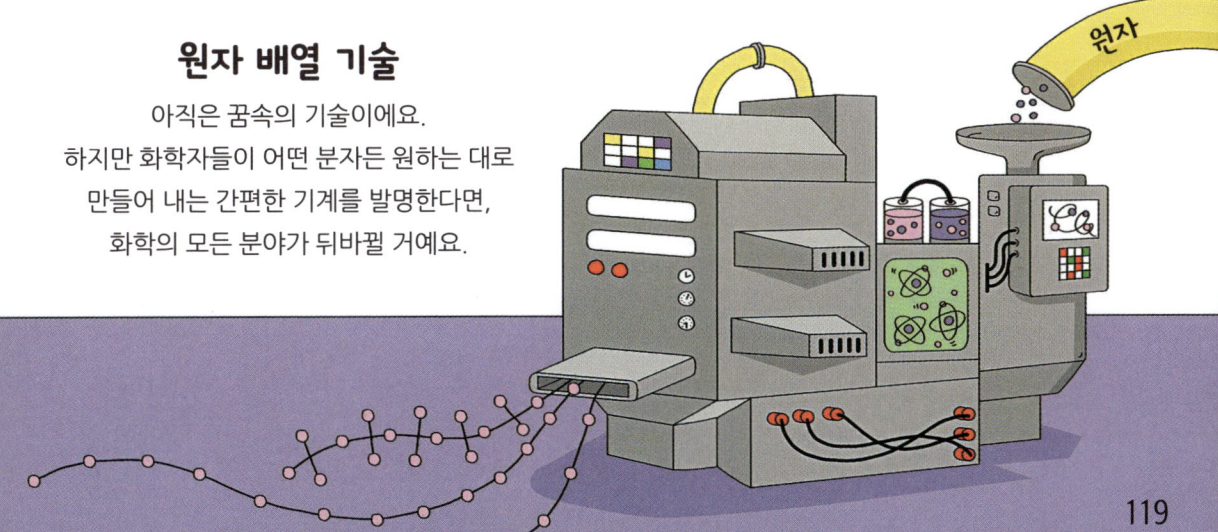

화학이 하는 일

우리 삶에 화학의 손길이 닿지 않는 곳은 없어요. 여러분에게는 무엇이 가장 흥미로운가요?
여러분이 무엇에 관심을 가지든지, 다양한 화학 분야에서 변화를 만들어 낼 수 있을 거예요.

멋진 것 만들기

화학 공학자는 원료 화학 물질부터 넓은 범위에 이르는 생산물을 만들어요.

맛과 향, 색을 만드는 화학자는 엄청나게 넓은 상품 분야에서 새로운 맛과 냄새와 색소를 개발해요.

재료 과학자는 온갖 다양한 특성을 가진 새로운 물질을 만들어요.

나노 기술 연구원은 개별 분자로 만든 아주 작은 기기와 물질을 제작해요.

사람들이 안전하도록 돕기

독성학자는 화학 물질이 생명체에게 얼마나 해를 끼칠 수 있는지를 연구해요.

법과학자는 화학을 활용하여 범죄 현장에서 얻은 단서를 연구해요.

품질 관리 화학자는 원재료를 테스트하고 완성된 제품의 품질이 좋은지 확인해요.

분석 화학자는 화학 물질의 구조와 성질을 분석해서 화학 물질이 안전한지 확인해요.

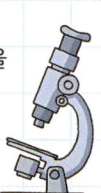

훌륭한 화학자가 되려면?

언제나 호기심을 가지고 질문해요.

어떤 일이 처음에는 잘 안 돼도 끝까지 포기하지 않아요.

문제를 해결하고 창의적으로 생각하기를 좋아해요.

지구 보호하기

녹색 화학자는 환경을 더 좋게 만들 새로운 화학 물질과 제조 과정을 개발해요.

환경 화학자는 자연 환경에 공업 화학이 끼치는 영향력을 연구해요.

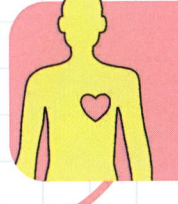

농화학자는 농업을 향상시키는 데 도움이 될 화학 물질을 연구해요.

약화학자는 새로운 의약품을 개발해요.

사람들이 건강하도록 돕기

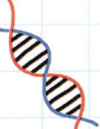

약리학자는 사람의 몸속에서 의약품이 어떻게 작용하는지를 연구해요.

생화학자는 생명체 몸속에서 일어나는 자연적인 화학 반응을 연구해요.

새로운 것을 발견하기

학술 연구원은 화학에 대한 이해를 넓히고 화학 처리 과정을 향상시키기 위해서 실험실에서 연구하며 좋은 아이디어를 내요.

이론 화학자와 계산 화학자는 컴퓨터 모형과 수학을 활용해서 화학의 근본적인 규칙을 설명하려고 노력해요.

우주 화학자는 넓은 우주와 먼 행성을 화학적으로 설명해요.

나는 팀을 이루어서 좋은 생각을 공유하는 걸 좋아해요.

나는 꼼꼼하고 정확해요.

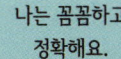
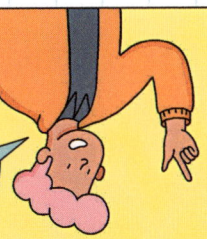

지금까지 아무도 하지 않은 뭔가를 하고 싶어요.

다른 직업에서도 그렇듯, 화학자들도 저마다 모두 달라요. 하지만 분자 단위에서 어떤 작용이 일어나는지 호기심을 가지면 모두가 하나가 되어 화학을 즐겁게 연구할 수 있어요. 이것이 바로 다른 사람들은 결코 생각하지도 보지도 못하는 세계를 살펴보는 방식이에요.

아직 끝이 아니에요!

화학자들은 이 책에서 다룬 화학의 기본 원리를 바탕으로 커다란 질문과 씨름하고 온갖 대단한 것들을 개발하고 있어요.

생명을 구하는 암 치료제

스스로 분해되는 플라스틱

별이 생을 마감하는 방식

친환경 연료로 움직이는 차

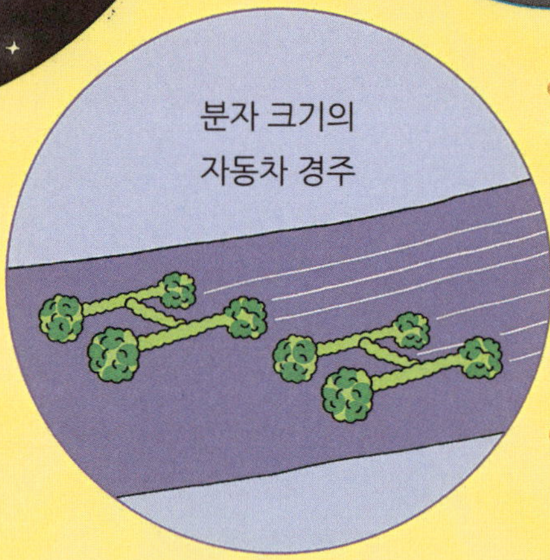

분자 크기의 자동차 경주

낱말 풀이

다음은 이 책에 나온 주요한 단어들의 뜻을 설명한 거예요. *기울임꼴*로 쓰인 단어는 이 낱말 풀이 안에 설명되어 있는 단어라는 것을 의미해요.

결정 고체 속에서 *원자* 또는 *분자*들이 규칙적으로, 연속적으로 나타내는 배열.

결합 분자를 형성하기 위해 *원자*들이 연결되는 것.

고분자 길게 반복된 *분자* 사슬로 이루어진 *물질*.

고체 형태가 고정되어 있고 *원자*가 제자리에 그대로 머물러 있는 *물질의 상태*.

공유 결합 *원자*들이 *전자*들을 공유하는 *결합*.

광합성 식물이 햇빛과 물과 이산화 탄소를 이용해 *에너지*를 포도당으로 바꾸는 과정.

금속 전기와 열이 잘 전도되는 *물질*.

기체 *원자*들이 모든 방향으로 움직일 수 있는 *물질의 상태*.

껍질 원자핵 주위를 따라 *전자*가 도는 길.

끓는점 물질이 액체에서 기체로 변하기 시작하는 온도.

나노 기술 개별 *원자*나 *분자*로 새로운 물건과 기기를 만드는 과학 기술.

녹는점 화학 물질이 고체에서 액체로 변하기 시작하는 온도.

동위 원소 종류는 같지만 중성자 수는 다른 원소.

레이저 강하게 빛을 쏘는 광원.

물질 *원자*로 이루어진 모든 것.

물질의 상태 물질이 띠고 있는 고체, 액체, 또는 기체의 형태.

반응 물질 화학 반응이 일어나는 동안 변화하는 물질.

방사능 불안정한 *원자*가 시간이 흐를수록 붕괴하면서 *방사선*을 내보내는 성질.

방사선 불안정한 *원자*가 붕괴되면서 내보내는 고에너지 입자.

분석기 질량과 전하로 분자를 식별하는 기계.

변수 실험 결과에 영향을 끼치는 어떤 것.

분자 서로 결합한 *원자*들의 무리.

산성 pH 농도가 7보다 낮은 화학 물질. 반대는 *알칼리성(염기성)*.

색소 빛을 흡수하고 반사해서 색깔을 띠게 하는 화학 물질.

생명 지표 생명체 속에서 일어나는 화학 반응과 관련 있는 화학 물질.

생성 물질 화학 반응에서 생긴 물질.

생화학 생명체의 몸속에서 일어나는 화학.

수증기 물이 *기체* 형태일 때 일컫는 말.

순물질 단 한 종류의 *원자*나 *분자*로 이루어진 물질.

스펙트럼 흰빛을 구성하는 빛의 모든 색깔.

알칼리성(염기성) pH 농도가 7보다 높은 화학 물질. 반대는 *산성*.

압력 *원자* 또는 *분자*들이 서로를 또는 용기를 누르는 힘.

액체 *원자*들이 서로 주위를 돌아다니며 흐르는 *물질의 상태*.

양성자 원자핵에서 발견되는 양전하를 띤 *입자*.

에너지 물질이 움직이고 변하고 반응할 수 있는 힘.

에어로젤 굉장히 가벼운 초경량 물질.

여과 작은 구멍이 많이 난 종이로 액체나 기체에서 고체를 분리하는 과정.

오염 해로운 화학 물질들 때문에 환경이 더러워지는 피해를 입는 일.

온실가스 지구 대기에 열을 가둬 두는 기체.

용액 물질이 균등하게 섞여 있는 혼합물.

용해 물질이 액체에 녹아서 용액이 만들어지는 것.

원소 한 종류의 원자로만 이루어진 물질.

원자 물질의 가장 작은 기본 요소. 원자에는 원소라는 다양한 종류가 있음.

원자 번호 원자핵에 있는 양성자 수.

원자핵 양성자와 중성자로 구성된 원자의 중심부.

유기 화학 탄소를 포함한 화합물을 연구하는 분야.

유독성 생명체에게 해를 끼치는 물질의 성질.

이온 결합 원자들이 서로 전자를 교환하며 형성한 결합.

이온 전자를 잃거나 얻은 원자. 이온은 양전하 또는 음전하를 띔.

입자 물질을 구성하는 작은 크기의 물체.

전도 전도체가 전하 또는 열을 옮기는 과정.

전자 음전하를 띠고 원자핵 주위를 도는 입자.

전하 양성 또는 음성을 나타내는 물질의 특성. 같은 전하를 띤 입자들은 서로 밀어내고 반대되는 전하를 띤 입자들은 서로 끌어당김.

주기율표 지금까지 알려진 모든 원소를 양성자 수에 따라 배열한 표.

중성자 원자핵에서 전하를 띠지 않는 입자.

증류 끓는점이 서로 다른 점을 이용해 물질을 분리하는 과정.

증발 액체가 기체로 변하는 과정.

지구 가열화 화석 연료를 태운 것을 주된 원인으로 지구가 따뜻해지는 현상.

지시약 색깔 변화로 산성 또는 알칼리성(염기성)을 구별하는 데 쓰이는 물질.

질량수 원자핵에 든 양성자와 중성자 수의 합.

촉매제 화학 반응 속도를 높이기 위해 첨가하는 물질.

크로마토그래피 혼합물을 여러 부분으로 분리하는 과정.

특성 물질이 행동하거나(물리적 특성) 반응하는 (화학적 특성) 방식.

합금 둘 이상의 물질, 또는 금속과 다른 물질을 섞은 혼합물.

합성 화합물 반응을 더 잘하는 물질들로 만든 분자 또는 화합물. 이러한 과정을 합성이라고 함.

핵융합 두 원자핵의 원자가 결합하여 새로운 원소를 만드는 결합 과정.

호흡 생명체가 에너지를 만드는 화학 반응.

혼합물 서로 결합하지 않은 원소 또는 화합물로 이루어진 물질.

화석 연료 석탄, 석유, 가스 같은 연료.

화학 물질 물처럼, 언제나 동일한 원소로 구성된 물질.

화학 반응 원자들이 결합하거나 분리되면서 새로운 분자를 형성하는 일

화학 방정식 화학 반응 동안 원자들이 보이는 변화를 기호로 나타낸 식.

화합물 둘 이상의 다른 원소로 이루어진 분자.

효소 생명체 속에서 화학 반응 속도를 높여 주는 자연적인 촉매제.

DNA 생명체 속에 든 분자. 생명체가 어떻게 작용하고 성장할지에 대한 정보가 들어 있음.

pH 0에서 14까지 산성 또는 알칼리성(염기성)이 얼마나 강한지를 측정하는 지표.

찾아보기

ㄱ

결정 49, 51, 73, 116, 119
결합 18, 47-53, 57, 58
고분자 73, 83, 100, 101
고체 22-23, 25, 49, 72, 111
공유 결합 48
과학적 방법 12-13
광합성 56, 99, 110, 117
규소 20, 24, 111
금 18, 35, 44
금속 4, 10, 36, 38-39, 44, 52-53, 73, 79
금속결합 52-53
기체 22-23, 25, 40-41, 48, 72, 88, 96, 107, 110, 111

ㄴ

나노 입자 82-83
나노 화학 15, 82-83, 118
녹색 화학 14, 95-103
닐스 보어 35

ㄷ

다이아몬드 24, 48
단백질 77, 78, 83, 119
대기 96-97
데모크리토스 34
독성학 86, 120
동위 원소 42
드미트리 멘델레예프 45

ㄹ

로봇 114

ㅁ

마리 퀴리 43, 45
마취제 79
모형 15, 34-35, 121
무기 화학 15
물 4, 19, 21, 23, 25, 26, 50-51, 88, 96, 100, 103, 109, 110
물리 화학 15
물질 7, 10, 14-15, 18, 38, 100, 101, 102, 72-73, 120
물질의 상태 22-23
밀도 25, 27, 78

ㅂ

반감기 42
반응 5, 6, 34, 55-63, 75, 76-77, 98, 110
반응 물질 57, 58, 118
방사성 38, 42-43, 79
방정식 62-63
배터리 98-99
법과학 92-93, 120
별 18, 106-107
분리 기술 26-27
분석 화학 15, 120
분자 19, 20-21, 48, 50, 62-63, 83
비금속 40-41
비료 60-61, 88, 109
빛 35, 56, 68, 69, 86, 106, 108, 119

ㅅ

산성 21, 40. 82, 87, 96
산소 18, 19, 20, 21, 24, 44, 50-51, 56, 62-63, 76, 77, 96, 97, 107, 108, 109, 110
색깔 7, 25, 27, 39, 56, 68-69, 87, 106, 119, 120
색소 19, 68-69, 120
생명 지표 110
생성 물질 57, 59
생체 모방 116-117
생화학 14, 75-83
생화학자 75, 121
소금 21, 26, 40, 49, 51
소듐(나트륨) 21, 38, 40, 33, 49, 57, 99
소변 44, 77, 78
소화 76
수소 19, 21, 32, 40, 50-51, 60, 62-63, 78, 99, 106-107
수전 솔로몬 97
시민 과학 89
식초 21, 57, 87
실험 12-13, 27, 35, 44, 87, 114, 115
쓰레기 59, 77, 102-103, 116

ㅇ

아르곤 20, 32
알루미늄 20, 24, 92
알베르트 아인슈타인 34, 45
알칼리성(염기성) 87
알칼리 토금속 38
암모니아 60-61
압력 22, 23, 59
액체 22-23, 25, 48, 111

약 6, 8, 14, 80-81, 82-83, 114, 115, 121
양성자 30-31, 36, 37, 42, 49
어니스트 러더퍼드 35
에너지 23, 33, 35, 42, 43, 58, 60, 76, 98, 99
에어로젤 72, 109
여과 26
연료 7, 14, 88, 99, 117
연쇄 반응 43
염소 21, 24, 40, 49, 88
염화 플루오린화 탄소(CFC) 97
오가네손 32, 45
오염 88-89
온실가스 96
오존층 97
용해 5, 27, 51, 71
원소 11, 18, 20-21, 24, 29, 30, 36-45, 106-107, 111
원자 4, 18, 19, 20-21, 27, 29-45, 47, 48-53, 55, 57, 58, 62-63, 72, 76, 106-107, 119
원자 번호 30, 36-37
원자핵 30-31, 32, 35, 37, 42, 43
유기 화학 14
유동 화학 118
음식 14, 60-61, 66-67, 76, 86-87, 103
이산화 탄소 7, 56, 57, 63, 96, 99, 110
이온 49, 51, 53
인공 지능 115
인공 화학 물질 90-91
입자 22-23, 30, 35, 38, 42, 43, 45, 88

ㅈ
자비르 이븐 하이얀 11
자연 화학 물질 90-91
전기 7, 25, 27, 43, 53, 73, 98, 99
전도 25, 53
전자 30-31, 32-33, 35, 36, 37, 48-53
전자껍질 30, 32-33, 36, 37
전하 31, 49, 50-51
조지프 존 톰슨 34
존 돌턴 34
주기율표 29, 36-37, 42, 45
중성자 30-31, 37, 42
증류 26
증발 23, 26
지구 가열화 96
지시약 87
직물 14, 83, 103
질량 36, 45
질량 분석기 67
질소 18, 20, 60, 89

ㅊ
철 18, 52, 53, 60, 56, 107
초신성 107
촉매제 59, 60-61, 77

ㅋ
크로마토그래피 27
클릭 화학 118

ㅌ
타푸티 10
탄산수소 소듐 57
탄소 14-15, 20-21, 24, 30, 41, 42, 48, 73, 107, 111
탄소 나노 튜브 73, 86
특성 24-25, 27, 36, 38, 45, 50, 53, 72

ㅍ
페트리코 70
플라스틱 21, 100-101
피 6, 77, 78, 82, 92, 118

ㅎ
할로겐 37, 40
합금 53, 73, 79
합성 65, 68-69
핵융합 106
향(향미) 66-67, 120
향기 70-71, 120
향수 10, 70-71
헤모글로빈 78
헬륨 32, 48, 106-107
호흡 76
혼합물 19, 20-21, 26-27
화석 연료 96, 99
화성 108-109
화합물 19, 20-21, 27
효소 77, 119, 101

DNA 92, 111
pH 척도 87, 89

127

이 책을 만든 사람들

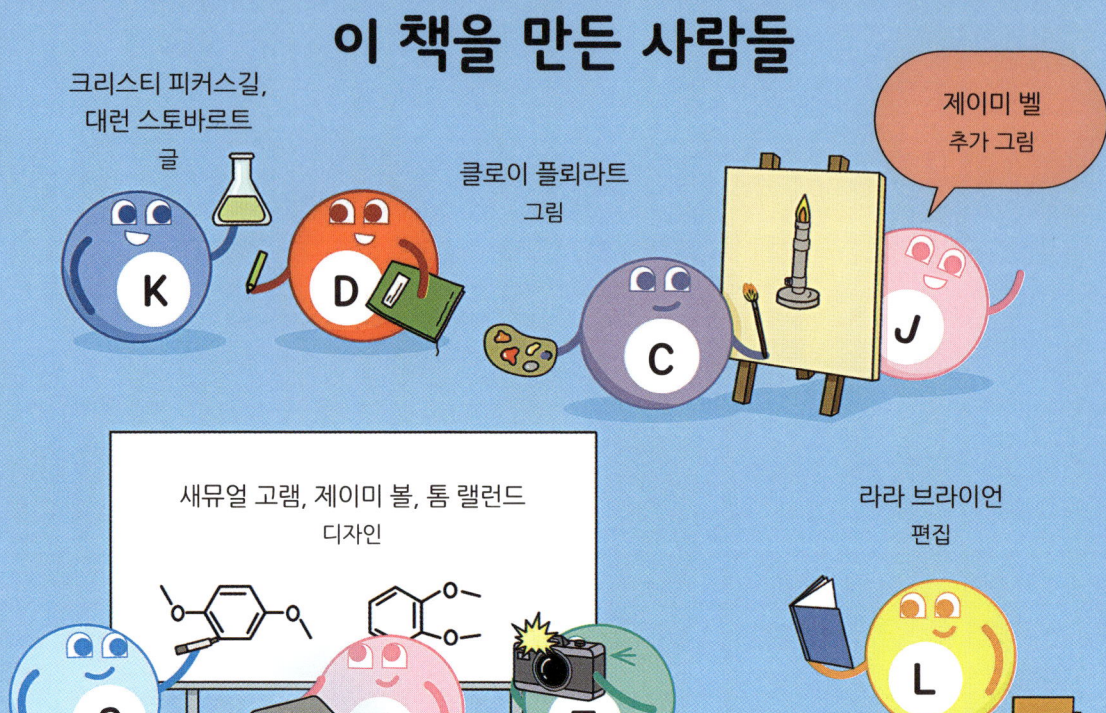

크리스티 피커스길, 대런 스토바르트
글

클로이 플뢰라트
그림

제이미 벨
추가 그림

새뮤얼 고램, 제이미 볼, 톰 랠런드
디자인

라라 브라이언
편집

프레야 해리슨
시리즈 디자인

알렉스 프리스
시리즈 편집

앤드루 파슨스(요크 대학 교수)
감수

어스본 출판사는 '어스본 바로가기'에서 추천하는 웹 사이트들을 규칙적으로 확인하고 있습니다. 하지만 어스본 출판사는 다른 웹 사이트의 내용에 대해서는 책임지지 않습니다. 다른 추천 사이트들을 살펴보다가 바이러스에 걸릴 경우, 어스본 출판사는 피해에 대해 법적 책임이 없습니다.

한국어판 1판 1쇄 펴냄 2024년 10월 1일
옮김 신인수 편집 권하선 디자인 조은영 펴낸곳 (주)비룡소인터내셔널 전화 02)6207-5007 팩스 02)515-2007
한국어판 저작권 ⓒ 2024 Usborne Publishing Limited

영문 원서 Chemistry for beginners 1판 1쇄 펴냄 2024년
글 크리스티 피커스길 외 그림 클로이 플뢰라트 외 디자인 새뮤얼 고램 외 감수 앤드루 파슨스
펴낸곳 Usborne Publishing Limited usborne.com
영문 원서 저작권 ⓒ 2024 Usborne Publishing Limited

이 책의 영문 원서 저작권과 한국어판 저작권은 Usborne Publishing Limited에 있습니다.
저작권법에 의하여 한국 내에서 보호를 받는 저작물이므로 무단전재와 복제를 금합니다.
어스본 이름과 풍선 로고는 Usborne Publishing Limited의 트레이드 마크입니다.

*이 책에는 네이버 나눔글꼴을 사용하였습니다.